全国普法学习读本
★ ★ ★ ★ ★

种子作物法律法规学习读本

作物综合法律法规

■ 曾 朝 主编

加大全民普法力度，建设社会主义法治文化，树立宪法法律至上、法律面前人人平等的法治理念。
——中国共产党第十九次全国代表大会《决胜全面建成小康社会 夺取新时代中国特色社会主义伟大胜利》

汕头大学出版社

图书在版编目（CIP）数据

作物综合法律法规／曾朝主编．－－汕头：汕头大学出版社（2021.7重印）

（种子作物法律法规学习读本）

ISBN 978-7-5658-3519-3

Ⅰ．①作⋯ Ⅱ．①曾⋯ Ⅲ．①作物-农业法-中国-学习参考资料 Ⅳ．①D922.44

中国版本图书馆CIP数据核字（2018）第037629号

作物综合法律法规　　ZUOWU ZONGHE FALÜ FAGUI

主　编：曾　朝
责任编辑：邹　峰
责任技编：黄东生
封面设计：大华文苑
出版发行：汕头大学出版社
　　　　　广东省汕头市大学路243号汕头大学校园内　邮政编码：515063
电　　话：0754-82904613
印　　刷：三河市南阳印刷有限公司
开　　本：690mm×960mm 1/16
印　　张：18
字　　数：226千字
版　　次：2018年5月第1版
印　　次：2021年7月第2次印刷
定　　价：59.60元（全2册）

ISBN 978-7-5658-3519-3

版权所有，翻版必究

如发现印装质量问题，请与承印厂联系退换

前　言

习近平总书记指出："推进全民守法，必须着力增强全民法治观念。要坚持把全民普法和守法作为依法治国的长期基础性工作，采取有力措施加强法制宣传教育。要坚持法治教育从娃娃抓起，把法治教育纳入国民教育体系和精神文明创建内容，由易到难、循序渐进不断增强青少年的规则意识。要健全公民和组织守法信用记录，完善守法诚信褒奖机制和违法失信行为惩戒机制，形成守法光荣、违法可耻的社会氛围，使遵法守法成为全体人民共同追求和自觉行动。"

中共中央、国务院曾经转发了中央宣传部、司法部关于在公民中开展法治宣传教育的规划，并发出通知，要求各地区各部门结合实际认真贯彻执行。通知指出，全民普法和守法是依法治国的长期基础性工作。深入开展法治宣传教育，是全面建成小康社会和新农村的重要保障。

普法规划指出：各地区各部门要根据实际需要，从不同群体的特点出发，因地制宜开展有特色的法治宣传教育坚持集中法治宣传教育与经常性法治宣传教育相结合，深化法律进机关、进乡村、进社区、进学校、进企业、进单位的"法律六进"主题活动，完善工作标准，建立长效机制。

特别是农业、农村和农民问题，始终是关系党和人民事业发展的全局性和根本性问题。党中央、国务院发布的《关于推进社会主义新农村建设的若干意见》中明确提出要"加强农村法制建设，深入开展农村普法教育，增强农民的法制观念，提高农民依法行使权利和履行义务的自觉性。"多年普法实践证明，普及法律知识，提高法制观念，增强全社会依法办事意识具有重要作用。特别是在广大农村进行普法教育，是提高全民法律素质的需要。

多年来，我国在农村实行的改革开放取得了极大成功，农村发生了翻天覆地的变化，广大农民生活水平大大得到了提高。但是，由于历史和社会等原因，现阶段我国一些地区农民文化素质还不高，不学法、不懂法、不守法现象虽然较原来有所改变，但仍有相当一部分群众的法制观念仍很淡化，不懂、不愿借助法律来保护自身权益，这就极易受到不法的侵害，或极易进行违法犯罪活动，严重阻碍了全面建成小康社会和新农村步伐。

为此，根据党和政府的指示精神以及普法规划，特别是根据广大农村农民的现状，在有关部门和专家的指导下，特别编辑了这套《全国普法学习读本》。主要包括了广大人民群众应知应懂、实际实用的法律法规。为了辅导学习，附录还收入了相应法律法规的条例准则、实施细则、解读解答、案例分析等；同时为了突出法律法规的实际实用特点，兼顾地方性和特殊性，附录还收入了部分某些地方性法律法规以及非法律法规的政策文件、管理制度、应用表格等内容，拓展了本书的知识范围，使法律法规更"接地气"，便于读者学习掌握和实际应用。

在众多法律法规中，我们通过甄别，淘汰了废止的，精选了最新的、权威的和全面的。但有部分法律法规有些条款不适应当下情况了，却没有颁布新的，我们又不能擅自改动，只得保留原有条款，但附录却有相应的补充修改意见或通知等。众多法律法规根据不同内容和受众特点，经过归类组合，优化配套。整套普法读本非常全面系统，具有很强的学习性、实用性和指导性，非常适合用于广大农村和城乡普法学习教育与实践指导。总之，是全国全民普法的良好读本。

目　录

中华人民共和国植物新品种保护条例

第一章　总　则 …………………………………………（1）
第二章　品种权的内容和归属 …………………………（2）
第三章　授予品种权的条件 ……………………………（4）
第四章　品种权的申请和受理 …………………………（5）
第五章　品种权的审查与批准 …………………………（6）
第六章　期限、终止和无效 ……………………………（7）
第七章　罚　则 …………………………………………（9）
第八章　附　则 …………………………………………（10）
附　录
　农业植物品种命名规定……………………………………（11）
　农业植物新品种测试指南研制管理办法…………………（17）
　农业部植物新品种复审委员会审理规定…………………（21）
　农业植物新品种权代理规定………………………………（29）
　农业植物新品种权侵权案件处理规定……………………（33）
　最高人民法院关于审理侵犯植物新品种权纠纷案件
　　具体应用法律问题的若干规定…………………………（38）
　最高人民法院关于审理植物新品种纠纷案件
　　若干问题的解释…………………………………………（41）

— 1 —

中华人民共和国植物新品种
保护条例实施细则（农业部分）

第一章　总　　则 ···························· (44)
第二章　品种权的内容和归属 ···················· (45)
第三章　授予品种权的条件 ······················ (47)
第四章　品种权的申请和受理 ···················· (48)
第五章　品种权的审查与批准 ···················· (53)

中华人民共和国植物新品种
保护条例实施细则（林业部分）

第一章　总　　则 ···························· (55)
第二章　品种权的内容和归属 ···················· (56)
第三章　授予品种权的条件 ······················ (57)
第四章　品种权的申请和受理 ···················· (58)
第五章　品种权的审查批准 ······················ (61)
第六章　品种权的终止和无效 ···················· (63)
第七章　文件的递交、送达和期限 ················ (64)
第八章　费用和公报 ···························· (66)
第九章　附　　则 ···························· (67)

种子作物管理和发展有关问题

国务院关于加快推进现代农作物种业发展的意见 ······ (69)
国务院办公厅关于加强林木种苗工作的意见 ·········· (77)
主要农作物品种审定办法 ························ (82)
非主要农作物品种登记办法 ······················ (92)

食用菌菌种管理办法……………………………………（98）
热带作物种质资源保护项目验收办法（暂行）…………（106）
农作物病虫害专业化统防统治管理办法 …………………（110）
附 录
　国家林业局关于贯彻落实《国务院办公厅关于加强
　　林木种苗工作的意见》的通知 ……………………（115）
　国家林业局关于加强林木种苗质量管理的意见 ………（120）
　中央财政农作物病虫害防治补助资金管理暂行办法……（124）
　林木种苗质量监督抽查暂行规定 …………………………（127）
　林木种苗质量检验机构考核办法 …………………………（130）
　林木种苗行政执法体系建设框架 …………………………（134）

中华人民共和国植物新品种保护条例

中华人民共和国国务院令

第 653 号

《国务院关于修改部分行政法规的决定》已经 2014 年 7 月 9 日国务院第 54 次常务会议通过,现予公布,自公布之日起施行。

总理　李克强

2014 年 7 月 29 日

(1997 年 3 月 20 日中华人民共和国国务院令第 213 号公布;根据 2013 年 1 月 31 日《国务院关于修改〈中华人民共和国植物新品种保护条例〉的决定》、2014 年 7 月 29 日《国务院关于修改部分行政法规的决定》修订)

第一章　总　　则

第一条　为了保护植物新品种权,鼓励培育和使用植物新品种，促进农业、林业的发展，制定本条例。

第二条 本条例所称植物新品种，是指经过人工培育的或者对发现的野生植物加以开发，具备新颖性、特异性、一致性和稳定性并有适当命名的植物品种。

第三条 国务院农业、林业行政部门（以下统称审批机关）按照职责分工共同负责植物新品种权申请的受理和审查并对符合本条例规定的植物新品种授予植物新品种权（以下称品种权）。

第四条 完成关系国家利益或者公共利益并有重大应用价值的植物新品种育种的单位或者个人，由县级以上人民政府或者有关部门给予奖励。

第五条 生产、销售和推广被授予品种权的植物新品种（以下称授权品种），应当按照国家有关种子的法律、法规的规定审定。

第二章 品种权的内容和归属

第六条 完成育种的单位或者个人对其授权品种，享有排他的独占权。任何单位或者个人未经品种权所有人（以下称品种权人）许可，不得为商业目的生产或者销售该授权品种的繁殖材料，不得为商业目的将该授权品种的繁殖材料重复使用于生产另一品种的繁殖材料；但是，本条例另有规定的除外。

第七条 执行本单位的任务或者主要是利用本单位的物质条件所完成的职务育种，植物新品种的申请权属于该单位；非职务育种，植物新品种的申请权属于完成育种的个人。申请被批准后，品种权属于申请人。

委托育种或者合作育种，品种权的归属由当事人在合同中约定；没有合同约定的，品种权属于受委托完成或者共同完成育种的单位或者个人。

第八条 一个植物新品种只能授予一项品种权。两个以上的申请人分别就同一个植物新品种申请品种权的，品种权授予最先申请的人；同时申请的，品种权授予最先完成该植物新品种育种的人。

第九条 植物新品种的申请权和品种权可以依法转让。

中国的单位或者个人就其在国内培育的植物新品种向外国人转让申请权或者品种权的，应当经审批机关批准。

国有单位在国内转让申请权或者品种权的，应当按照国家有关规定报经有关行政主管部门批准。

转让申请权或者品种权的，当事人应当订立书面合同，并向审批机关登记，由审批机关予以公告。

第十条 在下列情况下使用授权品种的，可以不经品种权人许可，不向其支付使用费，但是不得侵犯品种权人依照本条例享有的其他权利：

（一）利用授权品种进行育种及其他科研活动；

（二）农民自繁自用授权品种的繁殖材料。

第十一条 为了国家利益或者公共利益，审批机关可以作出实施植物新品种强制许可的决定，并予以登记和公告。

取得实施强制许可的单位或者个人应当付给品种权人合理的使用费，其数额由双方商定；双方不能达成协议的，由审批机关裁决。

品种权人对强制许可决定或者强制许可使用费的裁决不服的，可以自收到通知之日起3个月内向人民法院提起诉讼。

第十二条 不论授权品种的保护期是否届满，销售该授权品种应当使用其注册登记的名称。

第三章 授予品种权的条件

第十三条 申请品种权的植物新品种应当属于国家植物品种保护名录中列举的植物的属或者种。植物品种保护名录由审批机关确定和公布。

第十四条 授予品种权的植物新品种应当具备新颖性。新颖性，是指申请品种权的植物新品种在申请日前该品种繁殖材料未被销售，或者经育种者许可，在中国境内销售该品种繁殖材料未超过1年；在中国境外销售藤本植物、林木、果树和观赏树木品种繁殖材料未超过6年，销售其他植物品种繁殖材料未超过4年。

第十五条 授予品种权的植物新品种应当具备特异性。特异性，是指申请品种权的植物新品种应当明显区别于在递交申请以前已知的植物品种。

第十六条 授予品种权的植物新品种应当具备一致性。一致性，是指申请品种权的植物新品种经过繁殖，除可以预见的变异外，其相关的特征或者特性一致。

第十七条 授予品种权的植物新品种应当具备稳定性。稳定性，是指申请品种权的植物新品种经过反复繁殖后或者在特定繁殖周期结束时，其相关的特征或者特性保持不变。

第十八条 授予品种权的植物新品种应当具备适当的名称，并与相同或者相近的植物属或者种中已知品种的名称相区别。该名称经注册登记后即为该植物新品种的通用名称。

下列名称不得用于品种命名：

（一）仅以数字组成的；

（二）违反社会公德的；

（三）对植物新品种的特征、特性或者育种者的身份等容易引起误解的。

第四章　品种权的申请和受理

第十九条　中国的单位和个人申请品种权的，可以直接或者委托代理机构向审批机关提出申请。

中国的单位和个人申请品种权的植物新品种涉及国家安全或者重大利益需要保密的，应当按照国家有关规定办理。

第二十条　外国人、外国企业或者外国其他组织在中国申请品种权的，应当按其所属国和中华人民共和国签订的协议或者共同参加的国际条约办理，或者根据互惠原则，依照本条例办理。

第二十一条　申请品种权的，应当向审批机关提交符合规定格式要求的请求书、说明书和该品种的照片。

申请文件应当使用中文书写。

第二十二条　审批机关收到品种权申请文件之日为申请日；申请文件是邮寄的，以寄出的邮戳日为申请日。

第二十三条　申请人自在外国第一次提出品种权申请之日起12个月内，又在中国就该植物新品种提出品种权申请的，依照该外国同中华人民共和国签订的协议或者共同参加的国际条约，或者根据相互承认优先权的原则，可以享有优先权。

申请人要求优先权的，应当在申请时提出书面说明，并在3个月内提交经原受理机关确认的第一次提出的品种权申请文件的副本；未依照本条例规定提出书面说明或者提交申请文件副本的，视为未要求优先权。

第二十四条　对符合本条例第二十一条规定的品种权申请，

审批机关应当予以受理，明确申请日、给予申请号，并自收到申请之日起1个月内通知申请人缴纳申请费。

对不符合或者经修改仍不符合本条例第二十一条规定的品种权申请，审批机关不予受理，并通知申请人。

第二十五条　申请人可以在品种权授予前修改或者撤回品种权申请。

第二十六条　中国的单位或者个人将国内培育的植物新品种向国外申请品种权的，应当按照职责分工向省级人民政府农业、林业行政部门登记。

第五章　品种权的审查与批准

第二十七条　申请人缴纳申请费后，审批机关对品种权申请的下列内容进行初步审查：

（一）是否属于植物品种保护名录列举的植物属或者种的范围；

（二）是否符合本条例第二十条的规定；

（三）是否符合新颖性的规定；

（四）植物新品种的命名是否适当。

第二十八条　审批机关应当自受理品种权申请之日起6个月内完成初步审查。对经初步审查合格的品种权申请，审批机关予以公告，并通知申请人在3个月内缴纳审查费。

对经初步审查不合格的品种权申请，审批机关应当通知申请人在3个月内陈述意见或者予以修正；逾期未答复或者修正后仍然不合格的，驳回申请。

第二十九条　申请人按照规定缴纳审查费后，审批机关对品种权申请的特异性、一致性和稳定性进行实质审查。

申请人未按照规定缴纳审查费的，品种权申请视为撤回。

第三十条 审批机关主要依据申请文件和其他有关书面材料进行实质审查。审批机关认为必要时，可以委托指定的测试机构进行测试或者考察业已完成的种植或者其他试验的结果。

因审查需要，申请人应当根据审批机关的要求提供必要的资料和该植物新品种的繁殖材料。

第三十一条 对经实质审查符合本条例规定的品种权申请，审批机关应当作出授予品种权的决定，颁发品种权证书，并予以登记和公告。

对经实质审查不符合本条例规定的品种权申请，审批机关予以驳回，并通知申请人。

第三十二条 审批机关设立植物新品种复审委员会。

对审批机关驳回品种权申请的决定不服的，申请人可以自收到通知之日起3个月内，向植物新品种复审委员会请求复审。植物新品种复审委员会应当自收到复审请求书之日起6个月内作出决定，并通知申请人。

申请人对植物新品种复审委员会的决定不服的，可以自接到通知之日起15日内向人民法院提起诉讼。

第三十三条 品种权被授予后，在自初步审查合格公告之日起至被授予品种权之日止的期间，对未经申请人许可，为商业目的生产或者销售该授权品种的繁殖材料的单位和个人，品种权人享有追偿的权利。

第六章　期限、终止和无效

第三十四条 品种权的保护期限，自授权之日起，藤本植物、林木、果树和观赏树木为20年，其他植物为15年。

第三十五条 品种权人应当自被授予品种权的当年开始缴纳年费，并且按照审批机关的要求提供用于检测的该授权品种的繁殖材料。

第三十六条 有下列情形之一的，品种权在其保护期限届满前终止：

（一）品种权人以书面声明放弃品种权的；

（二）品种权人未按照规定缴纳年费的；

（三）品种权人未按照审批机关的要求提供检测所需的该授权品种的繁殖材料的；

（四）经检测该授权品种不再符合被授予品种权时的特征和特性的。

品种权的终止，由审批机关登记和公告。

第三十七条 自审批机关公告授予品种权之日起，植物新品种复审委员会可以依据职权或者依据任何单位或者个人的书面请求，对不符合本条例第十四条、第十五条、第十六条和第十七条规定的，宣告品种权无效；对不符合本条例第十八条规定的，予以更名。宣告品种权无效或者更名的决定，由审批机关登记和公告，并通知当事人。

对植物新品种复审委员会的决定不服的，可以自收到通知之日起3个月内向人民法院提起诉讼。

第三十八条 被宣告无效的品种权视为自始不存在。

宣告品种权无效的决定，对在宣告前人民法院作出并已执行的植物新品种侵权的判决、裁定，省级以上人民政府农业、林业行政部门作出并已执行的植物新品种侵权处理决定，以及已经履行的植物新品种实施许可合同和植物新品种权转让合同，不具有追溯力；但是，因品种权人的恶意给他人造成损失的，应当给予合理赔偿。

依照前款规定，品种权人或者品种权转让人不向被许可实施人或者受让人返还使用费或者转让费，明显违反公平原则的，品种权人或者品种权转让人应当向被许可实施人或者受让人返还全部或者部分使用费或者转让费。

第七章 罚 则

第三十九条 未经品种权人许可，以商业目的生产或者销售授权品种的繁殖材料的，品种权人或者利害关系人可以请求省级以上人民政府农业、林业行政部门依据各自的职权进行处理，也可以直接向人民法院提起诉讼。

省级以上人民政府农业、林业行政部门依据各自的职权，根据当事人自愿的原则，对侵权所造成的损害赔偿可以进行调解。调解达成协议的，当事人应当履行；调解未达成协议的，品种权人或者利害关系人可以依照民事诉讼程序向人民法院提起诉讼。

省级以上人民政府农业、林业行政部门依据各自的职权处理品种权侵权案件时，为维护社会公共利益，可以责令侵权人停止侵权行为，没收违法所得和植物品种繁殖材料；货值金额5万元以上的，可处货值金额1倍以上5倍以下的罚款；没有货值金额或者货值金额5万元以下的，根据情节轻重，可处25万元以下的罚款。

第四十条 假冒授权品种的，由县级以上人民政府农业、林业行政部门依据各自的职权责令停止假冒行为，没收违法所得和植物品种繁殖材料；货值金额5万元以上的，处货值金额1倍以上 5 倍以下的罚款；没有货值金额或者货值金额 5 万元以下的，根据情节轻重，处 25 万元以下的罚款；情节严重，构成犯罪的，依法追究刑事责任。

第四十一条 省级以上人民政府农业、林业行政部门依据各自的职权在查处品种权侵权案件和县级以上人民政府农业、林业行政部门依据各自的职权在查处假冒授权品种案件时，根据需要，可以封存或者扣押与案件有关的植物品种的繁殖材料，查阅、复制或者封存与案件有关的合同、帐册及有关文件。

第四十二条 销售授权品种未使用其注册登记的名称的，由县级以上人民政府农业、林业行政部门依据各自的职权责令限期改正，可以处 1000 元以下的罚款。

第四十三条 当事人就植物新品种的申请权和品种权的权属发生争议的，可以向人民法院提起诉讼。

第四十四条 县级以上人民政府农业、林业行政部门的及有关部门的工作人员滥用职权、玩忽职守、徇私舞弊、索贿受贿，构成犯罪的，依法追究刑事责任；尚不构成犯罪的，依法给予行政处分。

第八章　附　则

第四十五条 审批机关可以对本条例施行前首批列入植物品种保护名录的和本条例施行后新列入植物品种保护名录的植物属或者种的新颖性要求作出变通性规定。

第四十六条 本条例自 1997 年 10 月 1 日起施行。

附 录

农业植物品种命名规定

中华人民共和国农业部令

2012年第2号

《农业植物品种命名规定》已经2012年农业部第4次常务会议审议通过，现予公布，自2012年4月15日起施行。

农业部部长
二〇一二年三月十四日

第一条 为规范农业植物品种命名，加强品种名称管理，保护育种者和种子生产者、经营者、使用者的合法权益，根据《中华人民共和国种子法》、《中华人民共和国植物新品种保护条例》和《农业转基因生物安全管理条例》，制定本规定。

第二条 申请农作物品种审定、农业植物新品种权和农业转基因生物安全评价的农业植物品种及其直接应用的亲本的命名，应当遵守本规定。

其他农业植物品种的命名，参照本规定执行。

第三条 农业部负责全国农业植物品种名称的监督管理工作。

县级以上地方人民政府农业行政主管部门负责本行政区域内农业植物品种名称的监督管理工作。

第四条 农业部建立农业植物品种名称检索系统，供品种命名、审查和查询使用。

第五条 一个农业植物品种只能使用一个名称。

相同或者相近的农业植物属内的品种名称不得相同。

相近的农业植物属见附件。

第六条 申请人应当书面保证所申请品种名称在农作物品种审定、农业植物新品种权和农业转基因生物安全评价中的一致性。

第七条 相同或者相近植物属内的两个以上品种，以同一名称提出相关申请的，名称授予先申请的品种，后申请的应当重新命名；同日申请的，名称授予先完成培育的品种，后完成培育的应当重新命名。

第八条 品种名称应当使用规范的汉字、英文字母、阿拉伯数字、罗马数字或其组合。品种名称不得超过15个字符。

第九条 品种命名不得存在下列情形：

（一）仅以数字或者英文字母组成的；

（二）仅以一个汉字组成的；

（三）含有国家名称的全称、简称或者缩写的，但存在其他含义且不易误导公众的除外；

（四）含有县级以上行政区划的地名或者公众知晓的其他国内外地名的，但地名简称、地名具有其他含义的除外；

（五）与政府间国际组织或者其他国际国内知名组织名称相同

或者近似的,但经该组织同意或者不易误导公众的除外;

(六)容易对植物品种的特征、特性或者育种者身份等引起误解的,但惯用的杂交水稻品种命名除外;

(七)夸大宣传的;

(八)与他人驰名商标、同类注册商标的名称相同或者近似,未经商标权人同意的;

(九)含有杂交、回交、突变、芽变、花培等植物遗传育种术语的;

(十)违反国家法律法规、社会公德或者带有歧视性的;

(十一)不适宜作为品种名称的或者容易引起误解的其他情形。

第十条 有下列情形之一的,属于容易对植物品种的特征、特性引起误解的情形:

(一)易使公众误认为该品种具有某种特性或特征,但该品种不具备该特性或特征的;

(二)易使公众误认为只有该品种具有某种特性或特征,但同属或者同种内的其他品种同样具有该特性或特征的;

(三)易使公众误认为该品种来源于另一品种或者与另一品种有关,实际并不具有联系的;

(四)其他容易对植物品种的特征、特性引起误解的情形。

第十一条 有下列情形之一的,属于容易对育种者身份引起误解的情形:

(一)品种名称中含有另一知名育种者名称的;

(二)品种名称与另一已经使用的知名系列品种名称近似的;

(三)其他容易对育种者身份引起误解的情形。

第十二条 有下列情形之一的,视为品种名称相同:

（一）读音或者字义不同但文字相同的；

（二）仅以名称中数字后有无"号"字区别的；

（三）其他视为品种名称相同的情形。

第十三条 品种的中文名称译成英文时，应当逐字音译，每个汉字音译的第一个字母应当大写。

品种的外文名称译成中文时，应当优先采用音译；音译名称与已知品种重复的，采用意译；意译仍有重复的，应当另行命名。

第十四条 农业植物品种名称不符合本规定的，申请人应当在指定的期限内予以修改。逾期未修改或者修改后仍不符合规定的，驳回该申请。

第十五条 申请农作物品种审定、农业植物新品种权和农业转基因生物安全评价的农业植物品种，在公告前应当在农业部网站公示，公示期为15个工作日。省级审定的农作物品种在公告前，应当由省级人民政府农业行政主管部门将品种名称等信息报农业部公示。

农业部对公示期间提出的异议进行审查，并将异议处理结果通知异议人和申请人。

第十六条 公告后的品种名称不得擅自更改。确需更改的，报原审批单位审批。

第十七条 销售农业植物种子，未使用公告品种名称的，由县级以上人民政府农业行政主管部门按照《种子法》第五十九条的规定处罚。

第十八条 申请人以同一品种申请农作物品种审定、农业植物新品种权和农业转基因生物安全评价过程中，通过欺骗、贿赂等不正当手段获取多个品种名称的，除由审批机关撤销相应的农作物品种审定、农业植物新品种权、农业转基因生物安全评价证书外，三年内不再受理该申请人相应申请。

第十九条 本规定施行前已取得品种名称的农业植物品种，可以继续使用其名称。对有多个名称的在用品种，由农业部组织品种名称清理并重新公告。

本规定施行前已受理但尚未批准的农作物品种审定、农业植物新品种权和农业转基因生物安全评价申请，其品种名称不符合本规定要求的，申请人应当在指定期限内重新命名。

第二十条 本规定自2012年4月15日起施行。

附件：

相近的农业植物属

编号	相近的农业植物属	拉丁文
1	黑麦属	Secale
	黑小麦属	Triticale
	小麦属	Triticum
2	黍属	Panicum
	狗尾草属	Setaria
3	翦股颖属	Agrostis
	鸭茅属	Dactylis
	羊茅属	Festuca
	羊茅黑麦草属	Festulolium
	黑麦草属	Lolium
	虉草属	Phalaris
	梯牧草属	Phleum
	早熟禾属	Poa

续表

编号	相近的农业植物属	拉丁文
4	百脉根属	Lotus
	苜蓿属	Medicago
	驴食豆属	Onobrychis
	车轴草属	Trifolium
5	菊苣属	Cichorium
	莴苣属	Lactuca
6	矮牵牛属	Petunia
	小花矮牵牛属	Calibrachoa
7	茼蒿属	Chrysanthemum
	亚菊属	Ajania
8	驼舌草属	Goniolimon
	补血草属	Limonium
	裸穗花属	Psylliostachys

注：表中列举的植物属，同编号内的植物品种名称不得相同。表以外的植物属种，以属为分类单位，在同一属内，植物品种名称不得相同。

农业植物新品种测试指南研制管理办法

农业部办公厅关于印发
《农业植物新品种测试指南研制管理办法》的通知
农办科〔2007〕38号

各有关单位：

为了推进植物新品种保护事业的发展，规范农业植物新品种测试指南的研制和修订工作，提高测试指南研制水平和质量，我部制定了《农业植物新品种测试指南研制管理办法》，现印发给你们，请遵照执行。

二〇〇七年八月十三日

第一章 总 则

第一条 为推进植物新品种保护事业发展，规范农业植物新品种测试指南（以下简称测试指南）的研制和修订工作，制定本办法。

第二条 植物新品种测试是指对植物新品种特异性（Distinctness）、一致性（Uniformity）和稳定性（Stability）的测试（简称DUS测试）。

第三条 本办法规定了测试指南的申报、研制、审定、发布、修订等程序和要求。

第二章 测试指南的项目申报

第四条 农业部植物新品种保护办公室（以下简称品种保护

办公室）根据测试指南研制规划向社会发布《农业植物新品种测试指南研制项目申报指南》。

第五条 国内科研、教学、推广、企业单位及相关专业协会根据《农业植物新品种测试指南研制项目申报指南》向品种保护办公室提交指南研制立项申请。

第六条 鼓励社会力量研制测试指南，愿意自筹资金研制测试指南的单位或个人，可以随时向品种保护办公室提交申请。

第七条 申请单位或个人一般应具备下列条件：

（一）在该植物科研领域具有优势。

（二）具有收集到该植物品种资源的能力。

（三）具有开展相关试验的人力和物力条件。

具有该植物DUS测试经验和借鉴国外相关测试指南能力的申请单位或个人优先考虑。

第八条 品种保护办公室组织专家对测试指南项目申请进行评审，审批下达研制任务、签订项目任务书。

第三章 测试指南的研制

第九条 测试指南研制应遵循国家标准《植物新品种测试指南总则》以及国际植物新品种保护联盟（UPOV）测试指南规范文件（TGP）所规定的有关要求。

第十条 测试指南研制程序一般包括：

（一）收集品种和相关资料。

（二）制定性状表，设计田间试验。

（三）开展第一生长周期田间试验。

（四）形成测试指南初稿。

（五）征求有关专家意见，根据意见调整第二生长周期田间试验设计。

（六）开展第二生长周期田间试验，完善测试指南初稿。

（七）形成征求意见稿，征求测试、育种、栽培、植物分类等领域专家意见（专家人数不少于10人）。

（八）根据专家意见修改后形成指南送审稿。

第十一条 品种保护办公室委托农业部科技发展中心（农业部植物新品种测试中心）植物新品种测试处（以下简称品种测试处）起草测试指南研制规划、《农业植物新品种测试指南研制项目申报指南》和组织、指导、监管测试指南研制及修订等工作。品种测试处每年12月底前向品种保护办公室提交测试指南研制工作进展情况年度报告。

第十二条 承担测试指南研制的单位或个人每半年向品种测试处提交测试指南研制进展报告。

第四章 测试指南的审定和发布

第十三条 承担测试指南研制的单位或个人完成送审稿后，向品种保护办公室提出验收申请。申请验收的材料包括测试指南送审稿、专家意见汇总表、测试指南编制说明等。

第十四条 测试指南编制说明一般包括：

（一）工作简要过程：参考国内外测试指南的情况、主要工作情况、参加研制的单位和人员。

（二）测试指南编制原则和主要内容的确定依据（如性状的确定和分级的依据）。

（三）国内外测试指南对比。

（四）主要参考资料。

第十五条 品种保护办公室委托品种测试处组织相关领域专

家（7-13人）对测试指南进行审定，形成审定意见。

第十六条 通过审定的测试指南，承担单位或个人须在1个月内完成修改；未通过审定的，承担单位或个人应根据专家的意见进行修改完善后，再向品种保护办公室提出验收申请，并按上述程序审定。

第十七条 品种测试处负责对通过审定的测试指南进行文字描述上的修改和编辑，形成测试指南报批稿，报品种保护办公室。

第十八条 测试指南报批稿经品种保护办公室审批后向社会发布，并定期汇编出版。

第五章 测试指南的修订

第十九条 根据测试指南的应用情况，品种测试处每年6月底前向品种保护办公室提出下一年的测试指南修订计划，并组织落实测试指南修订单位或组建测试指南修订工作组。

第二十条 测试指南修订单位需签订测试指南修订项目任务书，按测试指南研制、审定和发布等程序管理。

第六章 附 则

第二十一条 通过其他渠道申请的测试指南研制项目，除按有关项目管理办法管理外，还需按本办法的测试指南研制、审定和发布等程序管理。

第二十二条 本办法由品种保护办公室负责解释。

第二十三条 本办法自发布之日起实施。

农业部植物新品种复审委员会审理规定

中华人民共和国农业部令

第 45 号

根据《中华人民共和国植物新品种保护条例》规定,《农业部植物新品种复审委员会审理规定》业经 2001 年 2 月 13 日农业部第一次常务会议通过,现予以发布施行。

农业部部长
二〇〇一年二月二十六日

第一章 总 则

第一条 根据《中华人民共和国植物新品种保护条例》(以下简称《条例》)、《中华人民共和国植物新品种保护条例实施细则(农业部分)》(以下简称《实施细则》),制定本规定。

第二条 农业部植物新品种复审委员会(以下简称复审委员会)负责审理驳回品种权申请的复审案件、品种权无效宣告案件和新品种更名案件。

第三条 复审委员会依法独立行使审理权,并作出审理决定。

第二章 复审委员会的组成与职责

第四条 复审委员会设主任委员 1 名,副主任委员 4 名,秘书长 1 名,委员 30 名。

主任委员由农业部主管领导兼任,副主任委员由科教司司长和种植业管理司、产业政策与法规、科技教育司主管副司长兼任，秘书长由农业部科教司知识产权与成果管理处负责人兼任。

第五条 复审委员会委员（简称复审委员）由农业部聘请有经验的技术、法律和行政管理人员组成。复审委员每届任期3年，可连聘连任，但最多不得超过3届。

复审委员会下设大田作物、果树、观赏植物及草类、蔬菜作物等四个复审小组，每个复审小组由若干名复审委员组成，负责复审案件的具体审理工作。

根据案件审理的需要，复审委员会可以邀请其他专家对案件涉及的内容提供咨询意见，或者委托有关单位进行技术性鉴定。

第六条 复审委员会的主要职责是：

（一）负责审理农业部植物新品种保护办公室（以下简称新品种保护办公室）在初步审查和实质审查程序中驳回品种权申请的复审请求；

（二）负责审理无效宣告和品种更名请求；

（三）依据职权宣告品种权无效，以及对授权品种予以更名。

第七条 复审委员会主任委员行使下列职权：

（一）任命复审小组组长；

（二）主持复审委员会全体会议；

（三）决定复审委员的回避；

（四）签发审理决定。

主任委员可以委托副主任委员代行部分职权。

第八条 复审小组组长负责主持复审案件和无效案件审理会议以及组织起草审理决定草案。

第九条 复审委员会秘书处设在农业部科教司知识产权与成果管理处，负责处理复审委员会的日常工作。

第三章 一般规定

第十条 中国的单位和个人请求复审或者无效宣告的，可以直接或者委托新品种保护办公室认可的具有品种权代理资格的机构向复审委员会提出符合规定格式要求的复审请求书或者无效宣告请求书。

在中国没有经常居所的外国人、外国企业或者外国其他组织，应当委托新品种保护办公室认可的具有品种权代理资格的机构办理。

第十一条 当事人委托代理机构办理的，应当提交代理人委托书一份。代理人委托书应当载明代理内容、委托权限。

第十二条 依据《实施细则》第四十四条的规定，复审委员会委托新品种保护办公室受理处代收复审请求书和无效宣告请求书及有关文件。

第十三条 复审委员会应当坚持以事实为依据，以法律为准绳，依法公正、客观地审理案件。

第十四条 当事人在复审中的法律地位一律平等。

第十五条 复审和无效宣告审理工作应当自觉接受社会监督。复审委员认为自己与本案件有利害关系的，应当申请回避。

当事人认为复审委员与本案件有利害关系或者其他关系可能影响公正审理的，在审理决定作出前，有权要求相关人员回避。相关人员是否回避由主任委员决定。

第十六条 复审委员会主要依据书面材料进行审理。但对于重大或者有重要疑难法律、技术问题或者较为复杂的案件，复审委员会可以召集双方当事人举行听证会。

当事人对自己提出的主张有举证责任，但复审委员会不受当事人所提供的证据限制，可以依据职权进行调查或者要求当事人补充证据。

第十七条　复审委员会举行听证会，应当在听证会前45天将会议日期通知当事人。当事人应当在收到通知后的5天内将参加听证会的人员名单回执交复审委员会秘书处。当事人有正当理由的，可以在听证会召开前25天请求延期，是否延期，由复审委员会决定。当事人无正当理由不提交听证会人员回执、不到会或者未经许可中途退会的，视为放弃申辩的权利。

第十八条　复审委员会决定举行听证会后，当事人可以在提交《听证会人员回执》前补充证据材料。逾期补充的证据材料，复审委员会不予考虑。

第十九条　复审委员会举行听证会时应当制作笔录。当事人或者其他参加人认为对自己陈述的记录有遗漏或者差错的，有权申请更正。笔录由到会的复审委员、当事人和其他有关人员签名或者盖章。

第二十条　复审委员会和复审小组依照少数服从多数的原则，通过投票表决作出审理决定。

当表决结果出现赞成票与反对票票数相同的情况时，负责主持会议的主任委员或者副主任委员或者复审小组组长所投的一票有决定作用。

第四章　驳回申请的复审

第二十一条　申请人对驳回品种权申请的决定不服的，可以自收到通知之日起3个月内向复审委员会提交复审请求书，请求复审。

第二十二条　秘书处对收到的复审请求书进行以下形式审查：

（一）复审请求应当属于新品种保护办公室在初步审查或者实质审查中驳回的品种权申请；

（二）复审请求不应当属于复审委员会已经审理并作出审理决定，请求人又以同一事实和理由提出复审请求的；

（三）复审请求人应当是被驳回品种权申请的全体申请人；

（四）复审请求的期限应当符合《条例》第三十二条的规定；

（五）复审请求书应当符合规定的格式要求以及符合《实施细则》第四十五条第一款规定的份数；

（六）复审请求中修改的被驳回的品种权申请文件应当符合《实施细则》第四十五条第二款的规定；

（七）复审请求人委托代理机构办理的，应当提交代理人委托书并写明委托权限等。

第二十三条 经形式审查认为复审请求不符合本规定第二十二条规定的，秘书处应当通知复审请求人在指定的期限内补正，逾期不补正的，该复审请求视为撤回。

第二十四条 对形式审查合格的复审请求，可以直接交由复审小组审理，也可以交由新品种保护办公室进行"前置审查"。

进行前置审查的，新品种保护办公室应当自收到案卷之日起30日内（特殊情况除外）提出审查意见。前置审查意见分以下三种：

（一）复审请求证据充分，理由成立，同意撤销原驳回申请的决定；

（二）复审请求人提交的申请文件修改文本克服了原申请中存在的缺陷，同意在修改文本的基础上撤销原驳回申请的决定；

（三）复审请求人陈述的意见和提交的申请文件修改文本不足以使原驳回申请的决定被撤回，坚持原驳回申请的决定。

第二十五条 新品种保护办公室在前置审查过程中，对于原始申请文件未做修改的复审请求不得提出新的驳回理由。

第二十六条 若新品种保护办公室作出的前置审查意见属于本规定第二十四条第（一）或者第（二）项两种情形之一的，复审委员会不再进行审理，可以据此作出审理决定。

若新品种保护办公室作出的前置审查意见属于本规定第二十四条第（三）项情形的，由复审小组继续进行审理。

第二十七条　复审委员会应当自收到复审请求书之日起6个月内完成复审，并作出审理决定。审理决定分为以下三种：

（一）复审请求的理由不成立，维持原驳回申请的决定，驳回复审请求；

（二）复审请求的理由成立，撤消原驳回申请的决定；

（三）品种权申请文件经复审请求人修改，克服了原驳回申请的决定所指出的缺陷，在新的文本基础上撤消原驳回决定。

第二十八条　复审请求人在复审委员会作出审理决定前可以撤回复审请求，复审程序终止。审理决定已宣布或者书面决定已经发出之后撤回的，不影响审理决定的有效性。

第二十九条　复审委员会作出的审理决定，对于改变新品种保护办公室作出的审查决定的，应当及时通知新品种保护办公室执行复审委员会的审理决定，新品种保护办公室不得以同一事实和理由再次作出与原驳回决定相同的决定，并且继续进行审批程序。

第五章　无效宣告和更名的审理

第三十条　品种权授予后，任何单位和个人均可对农业部授予的品种权提出无效宣告请求，复审委员会也可依职权直接启动无效宣告程序。

第三十一条　秘书处对收到的无效宣告请求书或者品种更名请求书进行以下形式审查：

（一）应当属于无效宣告或者品种更名的复审请求；

（二）请求人不应当以同一事实和理由对复审委员会已经审理并决定仍维持品种权或者品种名称的又提出无效宣告或者品种更

名请求书；

（三）该品种权申请已经授权；

（四）请求人所提交的无效宣告或者品种更名请求书中应当说明所依据的事实和理由；

（五）请求人所提交的无效宣告或者品种更名请求书中所提出的理由应当符合《条例》第三十七条及《实施细则》第五十一条的规定；

（六）无效宣告或者品种更名请求人委托代理机构办理的，应当提交代理人委托书并写明委托内容和权限等。

第三十二条 对形式审查符合本规定第三十一条规定的无效宣告或者品种更名请求，秘书处发给"无效宣告受理通知书"或者"品种更名受理通知书"，通知请求人。对不合格的，发给"无效宣告或者品种更名不受理通知书"，并说明不受理的理由。

第三十三条 对经形式审查合格的无效宣告或者品种更名请求书，秘书处应当将副本和有关文件副本送交品种权人，品种权人应当在收到文件之日起3个月内陈述意见，期满不答复的，不影响复审委员会的审理。

秘书处在收到品种权人的意见陈述书后，应当将其副本转送给请求人。信件往来次数由秘书处根据案件实际情况决定。

第三十四条 复审委员会应当对无效宣告或者品种更名请求及时进行审理，并作出审理决定。无效宣告或者品种更名的审理决定有以下两种类型：

（一）无效宣告或者品种更名请求理由成立，宣告品种权无效或者品种名称更名；

（二）无效宣告或者品种更名请求理由不成立，驳回无效宣告或者品种更名请求，维持品种权有效或者品种的现有名称。

第三十五条　在无效宣告或者品种更名审理程序中，品种权人以书面形式放弃其品种权的，无效宣告或者品种更名审理程序不受影响。

第三十六条　在复审委员会对无效宣告或者品种更名请求作出决定之前，请求人可以撤回其请求。请求人撤回无效宣告或者品种更名请求的，复审程序是否终止，由复审委员会决定。

第六章　审理决定的审批与公告

第三十七条　复审委员会对审理完毕的案件均需作出书面审理决定。

第三十八条　复审小组组长负责组织起草审理决定草案。审理决定草案应当写明复审请求争议的内容、审理决定及其理由，经复审小组集体讨论通过并由组长签字后报主任委员签发。

第三十九条　审理决定除通知当事人外，还应当予以公告，并在登记簿上登记。

请求人在规定的期限内向人民法院起诉的，应当在人民法院作出的判决生效后再予以公告和登记。

第四十条　复审委员会作出的品种更名决定生效后，新品种保护办公室应当及时通知品种权人更换品种权证书。品种权人以及其他任何人不得再使用原品种名称。

第七章　附　则

第四十一条　对复审程序中各种文件的递交、送达和期限的规定按《实施细则》第七章执行。

第四十二条　本规定由农业部负责解释。

第四十三条　本规定自发布之日起施行。

农业植物新品种权代理规定

中华人民共和国农业部令

第 23 号

《农业植物新品种权代理规定》业经 2002 年 12 月 12 日农业部第 30 次常务会议审议通过，现予以发布，自 2003 年 2 月 1 日起施行。

二〇〇二年十二月三十日

第一章 总 则

第一条 为了保障农业植物新品种权（简称品种权）代理企业和委托人的合法权益，维护品种权代理工作的正常秩序，根据《中华人民共和国植物新品种保护条例》，制定本规定。

第二条 本规定所称的品种权代理是指品种权代理企业以委托人的名义，在委托人授权范围内办理品种权申请或者其它有关事务。

第三条 本规定所称品种权代理企业是指在品种权代理权限范围内，接受国内外委托人的委托，办理品种权申请或者其它有关事务的服务企业。

第二章 品种权代理企业

第四条 从事品种权代理业务的企业必须符合下列条件：

（一）属合伙制或者有限责任制企业；

（二）具有2名以上取得品种权代理人资格证书（以下简称资格证书）的专职人员。开展涉外品种权代理业务的，须至少有1人熟练掌握一门外语；

（三）有从事品种权代理业务所必备的办公场所和设备；

（四）从事国内品种权代理业务的，注册资金不得少于10万元；从事涉外品种权代理业务的，注册资金不得少于30万元。

第五条 农业部植物新品种保护办公室（以下简称品种保护办公室）负责品种权代理企业资格审批。申请从事品种权代理业务的企业，应当向品种保护办公室提交下列文件：

（一）从事品种权代理业务企业申请书；

（二）企业法人资格证书复印件；

（三）企业章程复印件；

（四）品种权代理人资格证书复印件及人事关系证明；

（五）企业注册资金证明。

第六条 自品种保护办公室批准之日起，品种权代理企业依法开展下列品种权代理业务：

（一）提供品种权申请等事务咨询；

（二）代写品种权申请文件；

（三）办理品种权申请、审查和复审的有关事务；

（四）办理请求宣告品种权无效的有关事务；

（五）办理新品种申请权、品种权转让以及品种权实施许可的有关事务；

（六）代理品种权纠纷事务；

（七）代理其它有关事务。

第七条 品种权代理企业接受委托，承办业务，应当有委托人签名的书面委托书，写明委托事项和委托期限。

第八条 品种权代理企业接受委托后,不得就同一内容的品种权事务接受有利害关系的其他委托人的委托。

第九条 品种权代理企业应当聘任有资格证书的人员为品种权代理人,并报品种保护办公室备案。解除聘任关系的,报品种保护办公室备案。

第十条 品种权代理企业变更企业名称、地址和法人代表的,应当报品种保护办公室登记,经批准登记后,变更方可有效。品种权代理企业停业,在妥善处理各种事务后,报品种保护办公室办理代理注销手续。

第十一条 品种保护办公室对品种权代理企业实行年审制度。因情况变化品种权代理企业不再符合本规定第四条规定的条件的,品种保护办公室有权要求其限期改正。期满后仍不符合要求的,品种保护办公室不再接收其代理的业务,并予以公告。

第三章 品种权代理人

第十二条 本规定所称的品种权代理人是指获得品种保护办公室颁发的资格证书的人员。

第十三条 拥护中华人民共和国宪法,并具备下列条件的公民经品种保护办公室考试合格的,可以申请资格证书:

(一)十八周岁以上,具有完全的民事行为能力;

(二)全日制普通高等学校植物育种或植物栽培类专业本科以上毕业;

(三)熟悉《植物新品种保护条例》及相关法律法规。

第十四条 品种权代理人应当在一个品种权代理企业内从事代理工作,不得私自接受委托。

第十五条 获得资格证书5年内未从事品种权代理业务的,

其资格证书自动失效。

第十六条 国家机关工作人员，不得从事品种权代理业务。

第十七条 品种权代理人在代理业务活动中了解的新品种内容，除已公布的以外，负有保密的责任。

第四章 附 则

第十八条 品种权代理企业有下列情形之一的，品种保护办公室不再接收其代理的业务，并予以公告：

（一）申请审批时隐瞒真实情况，弄虚作假的；

（二）擅自改变主要登记事项的；

（三）未经审查批准或者超越批准代理业务范围擅自接受委托，承办代理业务的；

（四）从事其它非法业务活动的。

第十九条 品种权代理人有下列情形之一，品种保护办公室不再接收其代理业务，并予以公告：

（一）不履行职责或者因不称职而损害委托人利益的；

（二）泄露或者剽窃委托人的新品种内容的；

（三）超越代理权限，损害委托人利益的；私自接受委托，承办代理业务，收取费用的。

第二十条 本规定由农业部负责解释。

第二十一条 本规定自二〇〇三年二月一日起施行。

农业植物新品种权侵权案件处理规定

中华人民共和国农业部令

第 24 号

《农业植物新品种权侵权案件处理规定》业经 2002 年 12 月 12 日农业部第 30 次常务会议审议通过,现予以发布,自 2003 年 2 月 1 日起施行。

农业部部长
二〇〇二年十二月三十日

第一条 为有效处理农业植物新品种权(以下简称品种权)侵权案件,根据《中华人民共和国植物新品种保护条例》(以下简称《条例》),制定本规定。

第二条 本规定所称的品种权侵权案件是指未经品种权人许可,以商业目的生产或销售授权品种的繁殖材料以及将该授权品种的繁殖材料重复使用于生产另一品种的繁殖材料的行为。

第三条 省级以上人民政府农业行政部门负责处理本行政辖区内品种权侵权案件。

第四条 请求省级以上人民政府农业行政部门处理品种权侵权案件的,应当符合下列条件:

(一)请求人是品种权人或者利害关系人;

(二)有明确的被请求人;

(三)有明确的请求事项和具体事实、理由;

（四）属于受案农业行政部门的受案范围和管辖；

（五）在诉讼时效范围内；

（六）当事人没有就该品种权侵权案件向人民法院起诉。第一项所称利害关系人包括品种权实施许可合同的被许可人、品种权的合法继承人。品种权实施许可合同的被许可人中，独占实施许可合同的被许可人可以单独提出请求；排他实施许可合同的被许可人在品种权人不请求的情况下，可以单独提出请求；除合同另有约定外，普通实施许可合同的被许可人不能单独提出请求。

第五条 请求处理品种权侵权案件的诉讼时效为二年，自品种权人或利害关系人得知或应当得知侵权行为之日起计算。

第六条 请求省级以上人民政府农业行政部门处理品种权侵权案件的，应当提交请求书以及所涉及品种权的品种权证书，并且按照被请求人的数量提供请求书副本。

请求书应当记载以下内容：（一）请求人的姓名或者名称、地址，法定代表人姓名、职务。委托代理的，代理人的姓名和代理机构的名称、地址；（二）被请求人的姓名或者名称、地址；（三）请求处理的事项、事实和理由。请求书应当由请求人签名或盖章。

第七条 请求符合本办法第六条规定条件的，省级以上人民政府农业行政部门应当在收到请求书之日起7日内立案并书面通知请求人，同时指定3名以上单数承办人员处理该品种权侵权案件；请求不符合本办法第六条规定条件的，省级以上人民政府农业行政部门应当在收到请求书之日起7日内书面通知请求人不予受理，并说明理由。

第八条 省级以上人民政府农业行政部门应当在立案之日起7日内将请求书及其附件的副本通过邮寄、直接送交或者其他方式送被请求人,要求其在收到之日起15日内提交答辩书,并且按照请求人的数量提供答辩书副本。被请求人逾期不提交答辩书的,不影响省级以上人民政府农业行政部门进行处理。被请求人提交答辩书的,省级以上人民政府农业行政部门应当在收到之日起7日内将答辩书副本通过邮寄、直接送交或者其他方式送请求人。

第九条 省级以上人民政府农业行政部门处理品种权侵权案件一般以书面审理为主。必要时,可以举行口头审理,并在口头审理7日前通知当事人口头审理的时间和地点。当事人无正当理由拒不参加的,或者未经允许中途退出的,对请求人按撤回请求处理,对被请求人按缺席处理。

省级以上人民政府农业行政部门举行口头审理的,应当记录参加人和审理情况,经核对无误后,由案件承办人员和参加人签名或盖章。

第十条 除当事人达成调解、和解协议,请求人撤回请求之外,省级以上人民政府农业行政部门对侵权案件应作出处理决定,并制作处理决定书,写明以下内容:(一)请求人、被请求人的姓名或者名称、地址,法定代表人或者主要负责人的姓名、职务,代理人的姓名和代理机构的名称;(二)当事人陈述的事实和理由;(三)认定侵权行为是否成立的理由和依据;(四)处理决定:认定侵权行为成立的,应当责令被请求人立即停止侵权行为,写明处罚内容;认定侵权行为不成立的,应当驳回请求人的请求;(五)不服处理决定申请行政复议或者提起行政诉讼的途径和期限。处理决定书应当由案件承办人员署名,并加盖省级以上人民政府农业行政部门的公章。

第十一条 省级以上人民政府农业行政部门认定侵权行为成立并作出处理决定的,可以采取下列措施,制止侵权行为:

（一）侵权人生产授权品种繁殖材料或者直接使用授权品种的繁殖材料生产另一品种繁殖材料的，责令其立即停止生产，并销毁生产中的植物材料；已获得繁殖材料的，责令其不得销售；

（二）侵权人销售授权品种繁殖材料或者销售直接使用授权品种繁殖材料生产另一品种繁殖材料的，责令其立即停止销售行为，并且不得销售尚未售出的侵权品种繁殖材料；

（三）没收违法所得；

（四）处以违法所得5倍以下的罚款；

（五）停止侵权行为的其他必要措施。

第十二条 当事人对省级以上人民政府农业行政部门作出的处理决定不服的，可以依法申请行政复议或者向人民法院提起行政诉讼。期满不申请行政复议或者不起诉又不停止侵权行为的，省级以上人民政府农业行政部门可以申请人民法院强制执行。

第十三条 省级以上人民政府农业行政部门认定侵权行为成立的，可以根据当事人自愿的原则，对侵权所造成的损害赔偿进行调解。必要时，可以邀请有关单位和个人协助调解。调解达成协议的，省级以上人民政府农业行政部门应当制作调解协议书，写明如下内容：

（一）请求人、被请求人的姓名或者名称、地址，法定代表人的姓名、职务。委托代理人的，代理人的姓名和代理机构的名称、地址；

（二）案件的主要事实和各方应承担的责任；

（三）协议内容以及有关费用的分担。调解协议书由各方当事人签名或盖章、案件承办人员签名并加盖省级以上人民政府农业行政部门的公章。调解书送达后，当事人应当履行协议。调解未达成协议的，当事人可以依法向人民法院起诉。

第十四条 侵犯品种权的赔偿数额，按照权利人因被侵权所受到的损失或者侵权人因侵权所获得的利益确定。权利人的损失或者侵权人获得的利益难以确定的，按照品种权许可使用费的 1 倍以上 5 倍以下酌情确定。

第十五条 省级以上人民政府农业行政部门或者人民法院作出认定侵权行为成立的处理决定或者判决之后，被请求人就同一品种权再次作出相同类型的侵权行为，品种权人或者利害关系人请求处理的，省级以上人民政府农业行政部门可以直接作出责令立即停止侵权行为的处理决定并采取相应处罚措施。

第十六条 农业行政部门可以按照以下方式确定品种权案件行为人的违法所得：（一）销售侵权或者假冒他人品种权的繁殖材料的，以该品种繁殖材料销售价格乘以销售数量作为其违法所得；（二）订立侵权或者假冒他人品种权合同的，以收取的费用作为其违法所得。

第十七条 省级以上人民政府农业行政部门查处品种权侵权案件和县级以上人民政府

农业行政部门查处假冒授权品种案件的程序，适用《农业行政处罚程序规定》。

第十八条 本办法由农业部负责解释。

第十九条 本办法自二〇〇三年二月一日起施行。

最高人民法院关于审理侵犯植物新品种权纠纷案件具体应用法律问题的若干规定

中华人民共和国最高人民法院公告

法释〔2007〕1号

《最高人民法院关于审理侵犯植物新品种权纠纷案件具体应用法律问题的若干规定》已于2006年12月25日由最高人民法院审判委员会第1411次会议通过,现予公布,自2007年2月1日起施行。

二〇〇七年一月十二日

为正确处理侵犯植物新品种权纠纷案件,根据《中华人民共和国民法通则》、《中华人民共和国民事诉讼法》等有关规定,结合侵犯植物新品种权纠纷案件的审判经验和实际情况,就具体应用法律的若干问题规定如下:

第一条 植物新品种权所有人(以下称品种权人)或者利害关系人认为植物新品种权受到侵犯的,可以依法向人民法院提起诉讼。

前款所称利害关系人,包括植物新品种实施许可合同的被许可人、品种权财产权利的合法继承人等。

独占实施许可合同的被许可人可以单独向人民法院提起诉讼;排他实施许可合同的被许可人可以和品种权人共同起诉,也可以在品种权人不起诉时,自行提起诉讼;普通实施许可合同的被许可人经品种权人明确授权，可以提起诉讼。

第二条 未经品种权人许可，为商业目的生产或销售授权品种的繁殖材料，或者为商业目的将授权品种的繁殖材料重复使用于生产另一品种的繁殖材料的，人民法院应当认定为侵犯植物新品种权。

被控侵权物的特征、特性与授权品种的特征、特性相同，或者特征、特性的不同是因非遗传变异所致的，人民法院一般应当认定被控侵权物属于商业目的生产或者销售授权品种的繁殖材料。

被控侵权人重复以授权品种的繁殖材料为亲本与其他亲本另行繁殖的，人民法院一般应当认定属于商业目的将授权品种的繁殖材料重复使用于生产另一品种的繁殖材料。

第三条 侵犯植物新品种权纠纷案件涉及的专门性问题需要鉴定的，由双方当事人协商确定的有鉴定资格的鉴定机构、鉴定人鉴定；协商不成的，由人民法院指定的有鉴定资格的鉴定机构、鉴定人鉴定。

没有前款规定的鉴定机构、鉴定人的，由具有相应品种检测技术水平的专业机构、专业人员鉴定。

第四条 对于侵犯植物新品种权纠纷案件涉及的专门性问题可以采取田间观察检测、基因指纹图谱检测等方法鉴定。

对采取前款规定方法作出的鉴定结论，人民法院应当依法质证，认定其证明力。

第五条 品种权人或者利害关系人向人民法院提起侵犯植物新品种权诉讼时，同时提出先行停止侵犯植物新品种权行为或者保全证据请求的，人民法院经审查可以先行作出裁定。

人民法院采取证据保全措施时，可以根据案件具体情况，邀请有关专业技术人员按照相应的技术规程协助取证。

第六条 人民法院审理侵犯植物新品种权纠纷案件，应当依照民法通则第一百三十四条的规定，结合案件具体情况，判决侵权人承担停止侵害、赔偿损失等民事责任。

人民法院可以根据被侵权人的请求，按照被侵权人因侵权所受损失或者侵权人因侵权所得利益确定赔偿数额。被侵权人请求按照植物新品种实施许可费确定赔偿数额的，人民法院可以根据植物新品种实施许可的种类、时间、范围等因素，参照该植物新品种实施许可费合理确定赔偿数额。

依照前款规定难以确定赔偿数额的，人民法院可以综合考虑侵权的性质、期间、后果，植物新品种实施许可费的数额，植物新品种实施许可的种类、时间、范围及被侵权人调查、制止侵权所支付的合理费用等因素，在50万元以下确定赔偿数额。

第七条 被侵权人和侵权人均同意将侵权物折价抵扣被侵权人所受损失的，人民法院应当准许。被侵权人或者侵权人不同意折价抵扣的，人民法院依照当事人的请求，责令侵权人对侵权物作消灭活性等使其不能再被用作繁殖材料的处理。

侵权物正处于生长期或者销毁侵权物将导致重大不利后果的，人民法院可以不采取责令销毁侵权物的方法，但法律、行政法规另有规定的除外。

第八条 以农业或者林业种植为业的个人、农村承包经营户接受他人委托代为繁殖侵犯品种权的繁殖材料，不知道代繁物是侵犯品种权的繁殖材料并说明委托人的，不承担赔偿责任。

最高人民法院关于审理植物新品种纠纷案件若干问题的解释

中华人民共和国最高人民法院公告

法释〔2001〕5号

《最高人民法院关于审理植物新品种纠纷案件若干问题的解释》已于2000年12月25日由最高人民法院审判委员会第1154次会议通过。现予公布,自2001年2月14日起施行。

二〇〇一年二月五日

为依法受理和审判植物新品种纠纷案件,根据《中华人民共和国民事诉讼法》、《中华人民共和国行政诉讼法》的有关规定,现就有关问题解释如下:

第一条 人民法院受理的植物新品种纠纷案件主要包括以下几类:

(一)是否应当授予植物新品种权纠纷案件;

(二)宣告授予的植物新品种权无效或者维持植物新品种权的纠纷案件;

(三)授予品种权的植物新品种更名的纠纷案件;

(四)实施强制许可的纠纷案件;

(五)实施强制许可使用费的纠纷案件;

(六)植物新品种申请权纠纷案件;

（七）植物新品种权权利归属纠纷案件；

（八）转让植物新品种申请权和转让植物新品种权的纠纷案件；

（九）侵犯植物新品种权的纠纷案件；

（十）不服省级以上农业、林业行政管理部门依据职权对侵犯植物新品种权处罚的纠纷案件；

（十一）不服县级以上农业、林业行政管理部门依据职权对假冒授权品种处罚的纠纷案件。

第二条　人民法院在依法审查当事人涉及植物新品种权的起诉时，只要符合《中华人民共和国民事诉讼法》第一百零八条、《中华人民共和国行政诉讼法》第四十一条规定的民事案件或者行政案件的起诉条件，均应当依法予以受理。

第三条　本解释第一条所列第（一）至（五）类案件，由北京市第二中级人民法院作为第一审人民法院审理；第（六）至（十一）类案件，由各省、自治区、直辖市人民政府所在地和最高人民法院指定的中级人民法院作为第一审人民法院审理。

第四条　以侵权行为地确定人民法院管辖的侵犯植物新品种权的民事案件，其所称的侵权行为地，是指未经品种权所有人许可，以商业目的生产、销售该授权植物新品种的繁殖材料的所在地，或者将该授权品种的繁殖材料重复使用于生产另一品种的繁殖材料的所在地。

第五条　关于是否应当授予植物新品种权的纠纷案件、宣告授予的植物新品种权无效或者维持植物新品种权的纠纷案件、授予品种权的植物新品种更名的纠纷案件，应当以行政主管机关植物新品种复审委员会为被告；关于实施强制许可的纠纷案件,应当以植物新品种审批机关为被告;关于强制许可使用费纠纷案件,应当根据原告所请求的事项和所起诉的当事人确定被告。

第六条 人民法院审理侵犯植物新品种权纠纷案件,被告在答辩期间内向行政主管机关植物新品种复审委员会请求宣告该植物新品种权无效的,人民法院一般不中止诉讼。

中华人民共和国植物新品种
保护条例实施细则（农业部分）

（2007年9月19日农业部令第5号公布，2011年12月31日农业部令2011年第4号、2014年4月25日农业部令2014年第3号修订）

第一章 总 则

第一条 根据《中华人民共和国植物新品种保护条例》（以下简称《条例》），制定本细则。

第二条 农业植物新品种包括粮食、棉花、油料、麻类、糖料、蔬菜（含西甜瓜）、烟草、桑树、茶树、果树（干果除外）、观赏植物（木本除外）、草类、绿肥、草本药材、食用菌、藻类和橡胶树等植物的新品种。

第三条 依据《条例》第三条的规定，农业部为农业植物新品种权的审批机关，依照《条例》规定授予农业植物新品种权（以下简称品种权）。

农业部植物新品种保护办公室（以下简称品种保护办公室），

承担品种权申请的受理、审查等事务，负责植物新品种测试和繁殖材料保藏的组织工作。

第四条 对危害公共利益、生态环境的植物新品种不授予品种权。

第二章 品种权的内容和归属

第五条 《条例》所称繁殖材料是指可繁殖植物的种植材料或植物体的其他部分，包括籽粒、果实和根、茎、苗、芽、叶等。

第六条 申请品种权的单位或者个人统称为品种权申请人；获得品种权的单位或者个人统称为品种权人。

第七条 《条例》第七条所称执行本单位任务所完成的职务育种是指下列情形之一：

（一）在本职工作中完成的育种；

（二）履行本单位交付的本职工作之外的任务所完成的育种；

（三）退职、退休或者调动工作后，3年内完成的与其在原单位承担的工作或者原单位分配的任务有关的育种。

《条例》第七条所称本单位的物质条件是指本单位的资金、仪器设备、试验场地以及单位所有的尚未允许公开的育种材料和技术资料等。

第八条 《条例》第八条所称完成新品种育种的人是指完成新品种育种的单位或者个人（以下简称育种者）。

第九条 完成新品种培育的人员（以下简称培育人）是指对新品种培育作出创造性贡献的人。仅负责组织管理工作、为物质条件的利用提供方便或者从事其他辅助工作的人不能被视为培育人。

第十条　一个植物新品种只能被授予一项品种权。

一个植物新品种由两个以上申请人分别于同一日内提出品种权申请的,由申请人自行协商确定申请权的归属;协商不能达成一致意见的,品种保护办公室可以要求申请人在指定期限内提供证据,证明自己是最先完成该新品种育种的人。逾期未提供证据的,视为撤回申请;所提供证据不足以作为判定依据的,品种保护办公室驳回申请。

第十一条　中国的单位或者个人就其在国内培育的新品种向外国人转让申请权或者品种权的,应当向农业部申请审批。

转让申请权或者品种权的,当事人应当订立书面合同,向农业部登记,由农业部予以公告,并自公告之日起生效。

第十二条　有下列情形之一的,农业部可以作出实施品种权的强制许可决定:

(一)为了国家利益或者公共利益的需要;

(二)品种权人无正当理由自己不实施,又不许可他人以合理条件实施的;

(三)对重要农作物品种,品种权人虽已实施,但明显不能满足国内市场需求,又不许可他人以合理条件实施的。

申请强制许可的,应当向农业部提交强制许可请求书,说明理由并附具有关证明文件各一式两份。

农业部自收到请求书之日起20个工作日内作出决定。需要组织专家调查论证的,调查论证时间不得超过3个月。同意强制许可请求的,由农业部通知品种权人和强制许可请求人,并予以公告;不同意强制许可请求的,通知请求人并说明理由。

第十三条　依照《条例》第十一条第二款规定,申请农业部裁决使用费数额的,当事人应当提交裁决申请书,并附具未能达成协议的证明文件。农业部自收到申请书之日起 3 个月内作出裁决并通知当事人。

第三章 授予品种权的条件

第十四条 依照《条例》第四十五条的规定,列入植物新品种保护名录的植物属或者种,从名录公布之日起 1 年内提出的品种权申请,凡经过育种者许可,申请日前在中国境内销售该品种的繁殖材料未超过 4 年,符合《条例》规定的特异性、一致性和稳定性及命名要求的,农业部可以授予品种权。

第十五条 具有下列情形之一的,属于《条例》第十四条规定的销售:

(一) 以买卖方式将申请品种的繁殖材料转移他人;

(二) 以易货方式将申请品种的繁殖材料转移他人;

(三) 以入股方式将申请品种的繁殖材料转移他人;

(四) 以申请品种的繁殖材料签订生产协议;

(五) 以其他方式销售的情形。

具有下列情形之一的,视为《条例》第十四条规定的育种者许可销售:

(一) 育种者自己销售;

(二) 育种者内部机构销售;

(三) 育种者的全资或者参股企业销售;

(四) 农业部规定的其他情形。

第十六条 《条例》第十五条所称"已知的植物品种",包括品种权申请初审合格公告、通过品种审定或者已推广应用的品种。

第十七条 《条例》第十六条、第十七条所称"相关的特征或者特性"是指至少包括用于特异性、一致性和稳定性测试的性状或者授权时进行品种描述的性状。

第十八条 有下列情形之一的，不得用于新品种命名：
（一）仅以数字组成的；
（二）违反国家法律或者社会公德或者带有民族歧视性的；
（三）以国家名称命名的；
（四）以县级以上行政区划的地名或者公众知晓的外国地名命名的；
（五）同政府间国际组织或者其他国际国内知名组织及标识名称相同或者近似的；
（六）对植物新品种的特征、特性或者育种者的身份等容易引起误解的；
（七）属于相同或相近植物属或者种的已知名称的；
（八）夸大宣传的。

已通过品种审定的品种，或获得《农业转基因生物安全证书（生产应用）》的转基因植物品种，如品种名称符合植物新品种命名规定，申请品种权的品种名称应当与品种审定或农业转基因生物安全审批的品种名称一致。

第四章　品种权的申请和受理

第十九条 中国的单位和个人申请品种权的，可以直接或者委托代理机构向品种保护办公室提出申请。

在中国没有经常居所的外国人、外国企业或其他外国组织，向品种保护办公室提出品种权申请的，应当委托代理机构办理。

申请人委托代理机构办理品种权申请等相关事务时，应当与代理机构签订委托书，明确委托办理事项与权责。代理机构在向品种保护办公室提交申请时，应当同时提交申请人委托书。品种保护办公室在上述申请的受理与审查程序中，直接与代理机构联系。

第二十条　申请品种权的，申请人应当向品种保护办公室提交请求书、说明书和品种照片各一式两份，同时提交相应的请求书和说明书的电子文档。

请求书、说明书按照品种保护办公室规定的统一格式填写。

第二十一条　申请人提交的说明书应当包括下列内容：

（一）申请品种的暂定名称，该名称应当与请求书的名称一致；

（二）申请品种所属的属或者种的中文名称和拉丁文名称；

（三）育种过程和育种方法，包括系谱、培育过程和所使用的亲本或者其他繁殖材料来源与名称的详细说明；

（四）有关销售情况的说明；

（五）选择的近似品种及理由；

（六）申请品种特异性、一致性和稳定性的详细说明；

（七）适于生长的区域或者环境以及栽培技术的说明；

（八）申请品种与近似品种的性状对比表。

前款第（五）、（八）项所称近似品种是指在所有已知植物品种中，相关特征或者特性与申请品种最为相似的品种。

第二十二条　申请人提交的照片应当符合以下要求：

（一）照片有利于说明申请品种的特异性；

（二）申请品种与近似品种的同一种性状对比应在同一张照片上；

（三）照片应为彩色，必要时，品种保护办公室可以要求申请人提供黑白照片；

（四）照片规格为8.5厘米×12.5厘米或者10厘米×15厘米；

（五）关于照片的简要文字说明。

第二十三条　品种权申请文件有下列情形之一的，品种保护办公室不予受理：

（一）未使用中文的；

（二）缺少请求书、说明书或者照片之一的；

（三）请求书、说明书和照片不符合本细则规定格式的；

（四）文件未打印的；

（五）字迹不清或者有涂改的；

（六）缺少申请人和联系人姓名（名称）、地址、邮政编码的或者不详的；

（七）委托代理但缺少代理委托书的。

第二十四条　中国的单位或者个人将国内培育的植物新品种向国外申请品种权的，应当向所在地省级人民政府农业行政主管部门申请登记。

第二十五条　申请人依照《条例》第二十三条的规定要求优先权的，应当在申请中写明第一次提出品种权申请的申请日、申请号和受理该申请的国家或组织；未写明的，视为未要求优先权。申请人提交的第一次品种权申请文件副本应当经原受理机关确认。

第二十六条　在中国没有经常居所或者营业所的外国人、外国企业和外国其他组织，申请品种权或者要求优先权的，品种保护办公室认为必要时，可以要求其提供下列文件：

（一）申请人是个人的，其国籍证明；

（二）申请人是企业或者其他组织的，其营业所或者总部所在地的证明；

（三）外国人、外国企业、外国其他组织的所属国，承认中国单位和个人可以按照该国国民的同等条件，在该国享有品种申请权、优先权和其他与品种权有关的权利的证明文件。

第二十七条　申请人在向品种保护办公室提出品种权申请12个月内，又向国外申请品种权的，依照该国或组织同中华人民共和国签订的协议或者共同参加的国际条约，或者根据相互承认优先权的原则，可以请求品种保护办公室出具优先权证明文件。

第二十八条　依照《条例》第十九条第二款规定，中国的单位和个人申请品种权的植物新品种涉及国家安全或者重大利益需要保密的，申请人应当在申请文件中说明，品种保护办公室经过审查后作出是否按保密申请处理的决定，并通知申请人；品种保护办公室认为需要保密而申请人未注明的，仍按保密申请处理，并通知申请人。

第二十九条　申请人送交的申请品种繁殖材料应当与品种权申请文件中所描述的繁殖材料相一致，并符合下列要求：

（一）未遭受意外损害；

（二）未经过药物处理；

（三）无检疫性的有害生物；

（四）送交的繁殖材料为籽粒或果实的，籽粒或果实应当是最近收获的。

第三十条　品种保护办公室认为必要的，申请人应当送交申请品种和近似品种的繁殖材料，用于申请品种的审查和检测。申请品种属于转基因品种的，应当附具生产性试验阶段的《农业转基因生物安全审批书》或《农业转基因生物安全证书（生产应用）》复印件。

申请人应当自收到品种保护办公室通知之日起3个月内送交繁殖材料。送交繁殖材料为籽粒或果实的，应当送至品种保护办公室植物新品种保藏中心（以下简称保藏中心）；送交种苗、种球、块茎、块根等无性繁殖材料的，应当送至品种保护办公室指定的测试机构。

申请人送交的繁殖材料数量少于品种保护办公室规定的，保藏中心或者测试机构应当通知申请人，申请人应自收到通知之日起1个月内补足。特殊情况下，申请人送交了规定数量的繁殖材料后仍不能满足测试或者检测需要时，品种保护办公室有权要求申请人补交。

第三十一条　繁殖材料应当依照有关规定实施植物检疫。检疫不合格或者未经检疫的，保藏中心或者测试机构不予接收。

保藏中心或者测试机构收到申请人送交的繁殖材料后应当出具书面证明，并在收到繁殖材料之日起20个工作日内（有休眠期的植物除外）完成生活力等内容的检测。检测合格的，应当向申请人出具书面检测合格证明；检测不合格的，应当通知申请人自收到通知之日起1个月内重新送交繁殖材料并取回检测不合格的繁殖材料，申请人到期不取回的，保藏中心或者测试机构应当销毁。

申请人未按规定送交繁殖材料的，视为撤回申请。

第三十二条　保藏中心和测试机构对申请品种的繁殖材料负有保密的责任，应当防止繁殖材料丢失、被盗等事故的发生，任何人不得更换检验合格的繁殖材料。发生繁殖材料丢失、被盗、更换的，依法追究有关人员的责任。

第五章　品种权的审查与批准

第三十三条　在初步审查、实质审查、复审和无效宣告程序中进行审查和复审人员有下列情形之一的,应当自行回避,当事人或者其他利害关系人可以要求其回避:

（一）是当事人或者其代理人近亲属的;

（二）与品种权申请或者品种权有直接利害关系的;

（三）与当事人或者其代理人有其他关系,可能影响公正审查和审理的。

审查人员的回避由品种保护办公室决定,复审人员的回避由植物新品种复审委员会主任决定。

第三十四条　一件植物品种权申请包括两个以上新品种的,品种保护办公室应当要求申请人提出分案申请。申请人在指定期限内对其申请未进行分案修正或者期满未答复的,视为撤回申请。

申请人按照品种保护办公室要求提出的分案申请,可以保留原申请日;享有优先权的,可保留优先权日。但不得超出原申请文件已有内容的范围。

分案申请应当依照《条例》及本细则的规定办理相关手续。

分案申请的请求书中应当写明原申请的申请号和申请日。原申请享有优先权的,应当提交原申请的优先权文件副本。

第三十五条　品种保护办公室对品种权申请的下列内容进行初步审查:

（一）是否符合《条例》第二十七条规定;

（二）选择的近似品种是否适当;申请品种的亲本或其他繁殖材料来源是否公开。

品种保护办公室应当将审查意见通知申请人。品种保护办公室有疑问的，可要求申请人在指定期限内陈述意见或者补正；申请人期满未答复的，视为撤回申请。申请人陈述意见或者补正后，品种保护办公室认为仍然不符合规定的，应当驳回其申请。

第三十六条　除品种权申请文件外，任何人向品种保护办公室提交的与品种权申请有关的材料，有下列情形之一的，视为未提出：

（一）未使用规定的格式或者填写不符合要求的；

（二）未按照规定提交证明材料的。

当事人当面提交材料的，受理人员应当当面说明材料存在的缺陷后直接退回；通过邮局提交的，品种保护办公室应当将视为未提出的审查意见和原材料一起退回；邮寄地址不清的，采用公告方式退回。

第三十七条　自品种权申请之日起至授予品种权之日前，任何人均可以对不符合《条例》第八条、第十三至第十八条以及本细则第四条规定的品种权申请，向品种保护办公室提出异议，并提供相关证据

中华人民共和国植物新品种保护条例实施细则（林业部分）

（1999年8月10日国家林业局令第3号；2011年1月25日国家林业局令第26号修改）

第一章 总 则

第一条 根据《中华人民共和国植物新品种保护条例》（以下简称《条例》），制定本细则。

第二条 本细则所称植物新品种，是指符合《条例》第二条规定的林木、竹、木质藤本、木本观赏植物（包括木本花卉）、果树（干果部分）及木本油料、饮料、调料、木本药材等植物品种。

植物品种保护名录由国家林业局确定和公布。

第三条 国家林业局依照《条例》和本细则规定受理、审查植物新品种权的申请并授予植物新品种权（以下简称品种权）。

国家林业局植物新品种保护办公室（以下简称植物新品种保护办公室），负责受理和审查本细则第二条规定的植物新品种的品种权申请，组织与植物新品种保护有关的测试、保藏等业务，按国家有关规定承办与植物新品种保护有关的国际事务等具体工作。

第二章　品种权的内容和归属

第四条　《条例》所称的繁殖材料，是指整株植物（包括苗木）、种子（包括根、茎、叶、花、果实等）以及构成植物体的任何部分（包括组织、细胞）。

第五条　《条例》第七条所称的职务育种是指：

（一）在本职工作中完成的育种；

（二）履行本单位分配的本职工作之外的任务所完成的育种；

（三）离开原单位后3年内完成的与其在原单位承担的本职工作或者分配的任务有关的育种；

（四）利用本单位的资金、仪器设备、试验场地、育种资源和其他繁殖材料及不对外公开的技术资料等所完成的育种。

除前款规定情形之外的，为非职务育种。

第六条　《条例》所称完成植物新品种育种的人、品种权申请人、品种权人，均包括单位或者个人。

第七条　两个以上申请人就同一个植物新品种在同一日分别提出品种权申请的，植物新品种保护办公室可以要求申请人自行协商确定申请权的归属；协商达不成一致意见的，植物新品种保护办公室可以要求申请人在规定的期限内提供证明自己是最先完成该植物新品种育种的证据；逾期不提供证据的，视为放弃申请。

第八条　中国的单位或者个人就其在国内培育的植物新品种向外国人转让申请权或者品种权的，应当报国家林业局批准。

转让申请权或者品种权的，当事人应当订立书面合同，向国家林业局登记，并由国家林业局予以公告。

转让申请权或者品种权的，自登记之日起生效。

第九条 依照《条例》第十一条规定，有下列情形之一的，国家林业局可以作出或者依当事人的请求作出实施植物新品种强制许可的决定：

（一）为满足国家利益或者公共利益等特殊需要；

（二）品种权人无正当理由自己不实施或者实施不完全，又不许可他人以合理条件实施的。

请求植物新品种强制许可的单位或者个人，应当向国家林业局提出强制许可请求书，说明理由并附具有关证明材料各一式两份。

第十条 按照《条例》第十一条第二款规定，请求国家林业局裁决植物新品种强制许可使用费数额的，当事人应当提交裁决请求书，并附具不能达成协议的有关材料。国家林业局自收到裁决请求书之日起3个月内作出裁决并通知有关当事人。

第三章 授予品种权的条件

第十一条 授予品种权的，应当符合《条例》第十三条、第十四条、第十五条、第十六条、第十七条、第十八条和本细则第二条的规定。

第十二条 依照《条例》第四十五条的规定，对《条例》施行前首批列入植物品种保护名录的和《条例》施行后新列入植物品种保护名录的属或者种的植物品种，自名录公布之日起一年内提出的品种权申请，经育种人许可，在中国境内销售该品种的繁殖材料不超过4年的，视为具有新颖性。

第十三条 除《条例》第十八条规定的以外,有下列情形之一的,不得用于植物新品种命名:

(一)违反国家法律、行政法规规定或者带有民族歧视性的;

(二)以国家名称命名的;

(三)以县级以上行政区划的地名或者公众知晓的外国地名命名的;

(四)同政府间国际组织或者其他国际知名组织的标识名称相同或者近似的;

(五)属于相同或者相近植物属或者种的已知名称的。

第四章 品种权的申请和受理

第十四条 中国的单位和个人申请品种权的,可以直接或者委托代理机构向国家林业局提出申请。

第十五条 中国的单位和个人申请品种权的植物品种,如涉及国家安全或者重大利益需要保密的,申请人应当在请求书中注明,植物新品种保护办公室应当按国家有关保密的规定办理,并通知申请人;植物新品种保护办公室认为需要保密而申请人未注明的,按保密申请办理,并通知有关当事人。

第十六条 外国人、外国企业或者其他外国组织向国家林业局提出品种权申请和办理其他品种权事务的,应当委托代理机构办理。

第十七条 申请人委托代理机构向国家林业局申请品种权或者办理其他有关事务的,应当提交委托书,写明委托权限。

申请人为两个以上而未委托代理机构代理的,应当书面确定一方为代表人。

第十八条　申请人申请品种权时,应当向植物新品种保护办公室提交国家林业局规定格式的请求书、说明书以及符合本细则第十九条规定的照片各一式两份。

第十九条　《条例》第二十一条所称的照片,应当符合以下要求:

(一)有利于说明申请品种权的植物品种的特异性;

(二)一种性状的对比应在同一张照片上;

(三)照片应为彩色;

(四)照片规格为8.5厘米×12.5厘米或者10厘米×15厘米。

照片应当附有简要文字说明;必要时,植物新品种保护办公室可以要求申请人提供黑白照片。

第二十条　品种权的申请文件有下列情形之一的,植物新品种保护办公室不予受理:

(一)内容不全或者不符合规定格式的;

(二)字迹不清或者有严重涂改的;

(三)未使用中文的。

第二十一条　植物新品种保护办公室可以要求申请人送交申请品种权的植物品种和对照品种的繁殖材料,用于审查和检测。

第二十二条　申请人应当自收到植物新品种保护办公室通知之日起3个月内送交繁殖材料。送交种子的,申请人应当送至植物新品种保护办公室指定的保藏机构;送交无性繁殖材料的,申请人应当送至植物新品种办公室指定的测试机构。

申请人逾期不送交繁殖材料的,视为放弃申请。

第二十三条　申请人送交的繁殖材料应当依照国家有关规定进行检疫;应检疫而未检疫或者检疫不合格的,保藏机构或者测试机构不予接收。

第二十四条　申请人送交的繁殖材料不能满足测试或者检测需要以及不符合要求的，植物新品种保护办公室可以要求申请人补交。

申请人三次补交繁殖材料仍不符合规定的，视为放弃申请。

第二十五条　申请人送交的繁殖材料应当符合下列要求：

（一）与品种权申请文件中所描述的该植物品种的繁殖材料相一致；

（二）最新收获或者采集的；

（三）无病虫害；

（四）未进行药物处理。

申请人送交的繁殖材料已经进行了药物处理，应当附有使用药物的名称、使用的方法和目的。

第二十六条　保藏机构或者测试机构收到申请人送交的繁殖材料的，应当向申请人出具收据。

保藏机构或者测试机构对申请人送交的繁殖材料经检测合格的，应当出具检验合格证明，并报告植物新品种保护办公室；经检测不合格的，应当报告植物新品种保护办公室，由其按照有关规定处理。

第二十七条　保藏机构或者测试机构对申请人送交的繁殖材料，在品种权申请的审查期间和品种权的有效期限内，应当保密和妥善保管。

第二十八条　在中国没有经常居所或者营业所的外国人、外国企业或者其他外国组织申请品种权或者要求优先权的，植物新品种保护办公室可以要求其提供下列文件：

（一）国籍证明；

（二）申请人是企业或者其他组织的，其营业所或者总部所在地的证明文件；

（三）外国人、外国企业、外国其他组织的所属国承认中国的单位和个人可以按照该国国民的同等条件，在该国享有植物新品种的申请权、优先权和其他与品种权有关的证明文件。

第二十九条　申请人向国家林业局提出品种权申请之后，又向外国申请品种权的，可以请求植物新品种保护办公室出具优先权证明文件；符合条件的，植物新品种保护办公室应当出具优先权证明文件。

第三十条　申请人撤回品种权申请的，应当向国家林业局提出撤回申请，写明植物品种名称、申请号和申请日。

第三十一条　中国的单位和个人将在国内培育的植物新品种向国外申请品种权的，应当向国家林业局登记。

第五章　品种权的审查批准

第三十二条　国家林业局对品种权申请进行初步审查时，可以要求申请人就有关问题在规定的期限内提出陈述意见或者予以修正。

第三十三条　一件品种权申请包括二个以上品种权申请的，在实质审查前，植物新品种保护办公室应当要求申请人在规定的期限内提出分案申请；申请人在规定的期限内对其申请未进行分案修正或者期满未答复的，该申请视为放弃。

第三十四条　依照本细则第三十三条规定提出的分案申请，可以保留原申请日；享有优先权的，可保留优先权日，但不得超出原申请的范围。

分案申请应当依照《条例》及本细则的有关规定办理各种手续。

分案申请的请求书中应当写明原申请的申请号和申请日。原申请享有优先权的,应当提交原申请的优先权文件副本。

第三十五条 经初步审查符合《条例》和本细则规定条件的品种权申请,由国家林业局予以公告。

自品种权申请公告之日起至授予品种权之日前,任何人均可以对不符合《条例》和本细则规定的品种权申请向国家林业局提出异议,并说明理由。

第三十六条 品种权申请文件的修改部分,除个别文字修改或者增删外,应当按照规定格式提交替换页。

第三十七条 经实质审查后,符合《条例》规定的品种权申请,由国家林业局作出授予品种权的决定,向品种权申请人颁发品种权证书,予以登记和公告。

品种权人应当自收到领取品种权证书通知之日起3个月内领取品种权证书,并按照国家有关规定缴纳第一年年费。逾期未领取品种权证书并未缴纳年费的,视为放弃品种权,有正当理由的除外。

品种权自作出授予品种权的决定之日起生效。

第三十八条 国家林业局植物新品种复审委员会(以下简称复审委员会)由植物育种专家、栽培专家、法律专家和有关行政管理人员组成。

复审委员会主任委员由国家林业局主要负责人指定。

植物新品种保护办公室根据复审委员会的决定办理复审的有关事宜。

第三十九条 依照《条例》第三十二条第二款的规定向复审

委员会请求复审的,应当提交符合国家林业局规定格式的复审请求书,并附具有关的证明材料。复审请求书和证明材料应当各一式两份。

申请人请求复审时,可以修改被驳回的品种权申请文件,但修改仅限于驳回申请的决定所涉及的部分。

第四十条 复审请求不符合规定要求的,复审请求人可以在复审委员会指定的期限内补正;期满未补正或者补正后仍不符合规定要求的,该复审请求视为放弃。

第四十一条 复审请求人在复审委员会作出决定前,可以撤回其复审请求。

第六章 品种权的终止和无效

第四十二条 依照《条例》第三十六条规定,品种权在其保护期限届满前终止的,其终止日期为:

(一)品种权人以书面声明放弃品种权的,自声明之日起终止;

(二)品种权人未按照有关规定缴纳年费的,自补缴年费期限届满之日起终止;

(三)品种权人未按照要求提供检测所需的该授权品种的繁殖材料或者送交的繁殖材料不符合要求的,国家林业局予以登记,其品种权自登记之日起终止;

(四)经检测该授权品种不再符合被授予品种权时的特征和特性的,自国家林业局登记之日起终止。

第四十三条 依照《条例》第三十七条第一款的规定,任何单位或者个人请求宣告品种权无效的,应当向复审委员会提交国家林业局规定格式的品种权无效宣告请求书和有关材料各一式两份,并说明所依据的事实和理由。

第四十四条 已授予的品种权不符合《条例》第十四条、第十五条、第十六条和第十七条规定的,由复审委员会依据职权或者任何单位或者个人的书面请求宣告品种权无效。

宣告品种权无效,由国家林业局登记和公告,并由植物新品种保护办公室通知当事人。

第四十五条 品种权无效宣告请求书中未说明所依据的事实和理由,或者复审委员会就一项品种权无效宣告请求已审理并决定仍维持品种权的,请求人又以同一事实和理由请求无效宣告的,复审委员会不予受理。

第四十六条 复审委员会应当自收到无效宣告请求书之日起15日内将品种权无效宣告请求书副本和有关材料送达品种权人。品种权人应当在收到后3个月内提出陈述意见;逾期未提出的,不影响复审委员会审理。

第四十七条 复审委员会对授权品种作出更名决定的,由国家林业局登记和公告,并由植物新品种保护办公室通知品种权人,更换品种权证书。

授权品种更名后,不得再使用原授权品种名称。

第四十八条 复审委员会对无效宣告的请求作出决定前,无效宣告请求人可以撤回其请求。

第七章　文件的递交、送达和期限

第四十九条　《条例》和本细则规定的各种事项,应当以书面形式办理。

第五十条 按照《条例》和本细则规定提交的各种文件应当使用中文,并采用国家统一规定的科技术语。

外国人名、地名和没有统一中文译文的科技术语,应当注明原文。

依照《条例》和本细则规定提交的证明文件是外文的,应当附送中文译文;未附送的,视为未提交证明文件。

第五十一条 当事人提交的各种文件可以打印,也可以使用钢笔或者毛笔书写,但要整齐清晰,纸张只限单面使用。

第五十二条 依照《条例》和本细则规定,提交各种文件和有关材料的,当事人可以直接提交,也可以邮寄。邮寄时,以寄出的邮戳日为提交日。寄出的邮戳日不清晰的,除当事人能够提供证明外,以收到日为提交日。

依照《条例》和本细则规定,向当事人送达的各种文件和有关材料的,可以直接送交、邮寄或者以公告的方式送达。当事人委托代理机构的,送达代理机构;未委托代理机构的,送达当事人。

依本条第二款规定直接送达的,以交付日为送达日;邮寄送达的,自寄出之日起满15日,视为送达;公告送达的,自公告之日起满2个月,视为送达。

第五十三条 《条例》和本细则规定的各种期限,以年或者月计算的,以其最后一月的相应日为期限届满日;该月无相应日的,以该月最后一日为期限届满日;期限届满日是法定节假日的,以节假日后的第一个工作日为期限届满日。

第五十四条 当事人因不可抗力或者特殊情况耽误《条例》和本细则规定的期限,造成其权利丧失的,自障碍消除之日起2个月内,但是最多不得超过自期限届满之日起2年,可以向国家林业局说明理由并附具有关证明材料,请求恢复其权利。

第五十五条 《条例》和本细则所称申请日,有优先权的,指优先权日。

第八章 费用和公报

第五十六条 申请品种权的,应当按照规定缴纳申请费、审查费;需要测试的,应当缴纳测试费。授予品种权的,应当缴纳年费。

第五十七条 当事人缴纳本细则第五十六条规定费用的,可以向植物新品种保护办公室直接缴纳,也可以通过邮局或者银行汇付,但不得使用电汇。

通过邮局或者银行汇付的,应当注明申请号或者品种权证书号、申请人或者品种权人的姓名或者名称、费用名称以及授权品种名称。

通过邮局或者银行汇付时,以汇出日为缴费日。

第五十八条 依照《条例》第二十四条的规定,申请人可以在提交品种权申请的同时缴纳申请费,也可以在收到缴费通知之日起1个月内缴纳;期满未缴纳或者未缴足的,其申请视为撤回。

按照规定应当缴纳测试费的,自收到缴费通知之日起1个月内缴纳;期满未缴纳或者未缴足的,其申请视为放弃。

第五十九条 第一次年费应当于领取品种权证书时缴纳,以后的年费应当在前一年度期满前1个月内预缴。

第六十条 品种权人未按时缴纳第一年以后的年费或者缴纳数额不足的,植物新品种保护办公室应当通知品种权人自应当缴纳年费期满之日起6个月内补缴,同时缴纳金额为年费的25%的滞纳金。

第六十一条　自本细则施行之日起3年内,当事人缴纳本细则第五十六条规定的费用确有困难的,经申请并由国家林业局批准,可以减缴或者缓缴。

第六十二条　国家林业局定期出版植物新品种保护公报,公告品种权申请、授予、转让、继承、终止等有关事项。

植物新品种保护办公室设置品种权登记簿,登记品种权申请、授予、转让、继承、终止等有关事项。

第九章　附　则

第六十三条　县级以上林业主管部门查处《条例》规定的行政处罚案件时,适用林业行政处罚程序的规定。

第六十四条　《条例》所称的假冒授权品种,是指:

(一) 使用伪造的品种权证书、品种权号的;

(二) 使用已经被终止或者被宣告无效品种权的品种权证书、品种权号的;

(三) 以非授权品种冒充授权品种的;

(四) 以此种授权品种冒充他种授权品种的;

(五) 其他足以使他人将非授权品种误认为授权品种的。

第六十五条　当事人因植物新品种的申请权或者品种权发生纠纷,已向人民法院提起诉讼并受理的,应当向国家林业局报告并附具人民法院已受理的证明材料。国家林业局按照有关规定作出中止或者终止的决定。

第六十六条　在初步审查、实质审查、复审和无效宣告程序中进行审查和复审的人员,有下列情形之一的,应当申请回避;

当事人或者其他有利害关系人也可以要求其回避：

（一）是当事人或者其代理人近亲属的；

（二）与品种权申请或者品种权有直接利害关系的；

（三）与当事人或者其他代理人有其他可能影响公正审查和审理关系的。

审查人员的回避，由植物新品种保护办公室决定；复审委员会人员的回避，由国家林业局决定。在回避申请未被批准前，审查和复审人员不得终止履行职责。

第六十七条　任何人经植物新品种保护办公室同意，可以查阅或者复制已经公告的品种权申请的案卷和品种权登记簿。

依照《条例》和本细则的规定，已被驳回、撤回或者视为放弃品种权申请的材料和已被放弃、无效宣告或者终止品种权的材料，由植物新品种保护办公室予以销毁。

第六十八条　请求变更品种权申请人和品种权人的，应当向植物新品种保护办公室办理著录事项变更手续，并提出变更理由和证明材料。

第六十九条　本细则由国家林业局负责解释。

第七十条　本细则自发布之日起施行。

种子作物管理和发展有关问题

国务院关于加快推进现代农作物种业发展的意见

国发〔2011〕8号

各省、自治区、直辖市人民政府,国务院各部委、各直属机构:

我国是农业生产大国和用种大国,农作物种业是国家战略性、基础性核心产业,是促进农业长期稳定发展、保障国家粮食安全的根本。为提升我国农业科技创新水平,增强农作物种业竞争力,满足建设现代农业的需要,现就加快推进现代农作物种业发展提出如下意见:

一、我国农作物种业发展的形势

(一)农作物种业取得长足发展。改革开放特别是进入新世纪以来,我国农作物品种选育水平显著提升,推广了超级杂交水稻、紧凑型玉米、优质小麦、转基因抗虫棉、双低油菜等突破性优良品种;良种供应能力显著提高,杂交玉米和杂交水稻全部实现商品化供种，主要农作物种子实行精选包装和标牌销售；种子企业实力明显增强，培育了一批"育繁推一体化"种子企业，市场集中度逐步提高；种子管理体制改革稳步推进，全面实行政企分开，市场监管得到加强。良种的培育和应用，对提高农业综合生产能力、保障农产品有效供给和促进农民增收作出了重要贡献。

（二）农作物种业发展面临挑战。随着全球化进程加快、生物技术发展和改革开放的不断深入，我国农作物种业发展面临新的挑战。保障国家粮食安全和建设现代农业，对我国农作物种业发展提出了更高要求。但目前我国农作物种业发展仍处于初级阶段，商业化的农作物种业科研体制机制尚未建立，科研与生产脱节，育种方法、技术和模式落后，创新能力不强；种子市场准入门槛低，企业数量多、规模小、研发能力弱，育种资源和人才不足，竞争力不强；供种保障政策不健全，良种繁育基础设施薄弱，抗灾能力较低；种子市场监管技术和手段落后，监管不到位，法律法规不能完全适应农作物种业发展新形势的需要，违法生产经营及不公平竞争现象较为普遍。这些问题严重影响了我国农作物种业的健康发展，制约了农业可持续发展，必须切实加以解决。

二、总体要求

（三）指导思想。以科学发展观为指导，推进体制改革和机制创新，完善法律法规，整合农作物种业资源，加大政策扶持，增加农作物种业投入，强化市场监管，快速提升我国农作物种业科技创新能力、企业竞争能力、供种保障能力和市场监管能力，构建以产业为主导、企业为主体、基地为依托、产学研相结合、"育繁推一体化"的现代农作物种业体系，全面提升我国农作物种业发展水平。

（四）基本原则。

——坚持自主创新。加强农作物种业科技原始创新、集成创新和国际合作，鼓励引进国际优良种质资源、先进育种制种技术和农作物种业物质装备制造技术，加快培育具有自主知识产权的农作物种业科研成果，提高农作物种业核心竞争力。

——坚持企业主体地位。以"育繁推一体化"种子企业为主体整合农作物种业资源，建立健全现代企业制度，通过政策引导带动企业和社会资金投入，充分发挥企业在商业化育种、成果转化与应用等方面的主导作用。

——坚持产学研相结合。支持科研院所和高等院校的种质资源、科研人才等要素向种子企业流动，逐步形成以企业为主体、市场为导向、资本为纽带的利益共享、风险共担的农作物种业科技创新模式。

——坚持扶优扶强。加强政策引导，对优势科研院所和高等院校加大基础性、公益性研究投入。对具有育种能力、市场占有率较高、经营规模较大的"育繁推一体化"种子企业予以重点支持，增强其创新能力。

（五）发展目标。到2020年，形成科研分工合理、产学研相结合、资源集中、运行高效的育种新机制，培育一批具有重大应用前景和自主知识产权的突破性优良品种，建设一批标准化、规模化、集约化、机械化的优势种子生产基地，打造一批育种能力强、生产加工技术先进、市场营销网络健全、技术服务到位的"育繁推一体化"现代农作物种业集团，健全职责明确、手段先进、监管有力的种子管理体系，显著提高优良品种自主研发能力和覆盖率，确保粮食等主要农产品有效供给。

三、重点任务

（六）强化农作物种业基础性公益性研究。国家级和省部级科研院所和高等院校要重点开展种质资源搜集、保护、鉴定、育种材料的改良和创制，重点开展育种理论方法和技术、分子生物技术、品种检测技术、种子生产加工和检验技术等基础性、前沿性和应用技术性研究以及常规作物育种和无性繁殖材料选育等公益性研究。推进实施转基因生物新品种培育重大专项。完善公共研究成果共享机制，为种子企业提供科技支撑。相关部门要加大对农作物种业基础性、公益性研究的投入，加大对生物育种产业的扶持力度。

（七）加强农作物种业人才培养。加强高等院校农作物种业相关学科、重点实验室、工程研究中心以及实习基地建设，建立教学、科研与实践相结合的有效机制，提升农作物种业人才培养质量。充分利用高等院校教学资源，加大农作物种业人才继续教育和培训力度，为我国农作物种业发展提供人才和科技支撑。

（八）建立商业化育种体系。鼓励"育繁推一体化"种子企业整合现有育种力量和资源，充分利用公益性研究成果，按照市场化、产业化育种模式开展品种研发，逐步建立以企业为主体的商业化育种新机制。积极推进构建一批种子产业技术创新战略联盟，为有实力的"育繁推一体化"种子企业建立品种审定绿色通道。引导和积极推进科研院所和高等院校逐步退出商业化育种，力争到"十二五"末科研院所和高等院校与其开办的种子企业基本实现"事企脱钩"。

（九）推动种子企业兼并重组。在企业注册资金、固定资产、研发能力和技术水平等方面大幅提高市场准入门槛，通过市场机制优化和调整企业布局。支持大型企业通过并购、参股等方式进入农作物种业；鼓励种子企业间的兼并重组，尤其是鼓励大型优势种子企业整合农作物种业资源，优化资源配置，培育具有核心竞争力和较强国际竞争力的"育繁推一体化"种子企业。

（十）加强种子生产基地建设。科学规划种子生产优势区域布局，建立优势种子生产保护区，实行严格保护。加强西北、西南、海南等优势种子繁育基地的规划建设与用地保护。鼓励种子企业采取与制种合作社联合协作等方式建立相对集中、稳定的种子生产基地，增强种子生产能力。

（十一）完善种子储备调控制度。在现有国家救灾备荒种子储备基础上，建立国家和省两级种子储备体系。国家重点储备杂交玉米、杂交水稻种子及其亲本，保障杂交种子供应和平抑市场价格；省级重点储备短生育期和大宗作物种子，保障灾后恢复生产和市场调剂。种子储备任务通过招投标方式落实，国家重点支持的"育繁推一体化"种子企业要主动参与投标。

（十二）严格品种审定和保护。进一步规范品种区域试验、生产试验、品种保护测试、转基因农作物安全评价和品种跨区引种行为，统一鉴定标准，提高品种审定条件，统筹国家级和省级品种审定，加快不适宜种植品种退出。完善植物新品种保护制度，强化品种权执法，加强新品种保护和信息服务。

（十三）强化市场监督管理。严格种子生产、经营行政许可管理，依法纠正和查处骗取审批、违法审批等行为。全面推进县级农业综合执法，加强种子行政许可事后监管和日常执法，加大对种子基地和购销环节的管理力度，严厉打击抢购套购、套牌侵权、生产经营假劣种子等行为，切实维护公平竞争的市场秩序。加强对进出境种子的检验检疫。

（十四）加强农作物种业国际合作交流。支持国内优势种子企业开拓国外市场。鼓励外资企业引进国际先进育种技术和优势种质资源，规范外资在我国从事种质资源搜集、品种研发、种子生产、经营和贸易等行为，做好外资并购境内种子企业安全审查工作。

四、政策措施

（十五）制定现代农作物种业发展规划。按照推进现代农作物种业发展的总体要求，编制全国现代农作物种业发展规划，分作物、分区域、分阶段提出发展目标、方向和重点，明确今后10年推进现代农作物种业发展的任务和措施。调整和优化农作物种业资源配置方式，在原资金渠道不变的前提下，统筹农作物种业财政和基建项目，积极引导社会资金进入农作物种业，加大对农作物种业发展的支持力度。

（十六）加大对企业育种投入。按照"资格认证、定期复审、优进劣退"的原则，择优支持一批规模大、实力强、成长性好的"育繁推一体化"种子企业开展商业化育种。中央财政增加"育繁推一体化"种子企业投入，支持引进国内外先进育种技术、装备和高端人才，并购优势科研单位或种子企业，促进"育繁推一体化"种子企业发展壮大。

（十七）实施新一轮种子工程。加大农作物种业基础设施投入，加强育种创新、品种测试和试验、种子检验检测等基础设施建设。鼓励"育繁推一体化"种子企业建设商业化育种基地，购置先进的种子生产、加工、包装、检验和仓储、运输设备，改善工程化研究、品种试验和应用推广条件。

（十八）创新成果评价和转化机制。改进现有农作物种业科研成果评价方式，修改和完善商业化育种成果奖励机制，形成有利于加强基础性、公益性研究和解决生产实际问题的评价体系。在杂交玉米和杂交水稻方面探索建立品种权转让交易公共平台，健全合理的利益分配机制，调动科研人员创新积极性。

（十九）鼓励科技资源向企业流动。支持从事商业化育种的科研单位或人员进入种子企业开展育种研发，发挥市场机制作用，鼓励科技资源合理流动。企业所在地政府要参照有关政策解决进入企业科研人员的户籍问题。

（二十）实施种子企业税收优惠政策。对符合条件的"育繁推一体化"种子企业的种子生产经营所得，免征企业所得税。对企业兼并重组涉及的资产评估增值、债务重组收益、土地房屋权属转移等给予税收优惠，具体按照国家有关规定执行。

（二十一）完善种子生产收储政策。建立政府支持、种子企业参与、商业化运作的种子生产风险分散机制，对符合条件的农作物种子生产开展保险试点。加大高效、安全制种技术和先进适用制种机械的推广使用，将制种机械纳入农机具购置补贴范围。完善种子收储政策，鼓励和引导相关金融机构特别是政策性银行加大种子收储的信贷支持，中央和省级财政对种子储备给予补助。

五、保障措施

（二十二）完善法律法规。适时修订完善种子法律法规和规章，健全并改进品种测试、品种审定、品种保护和品种退出制度，完善种子生产、经营行政许可审批和监督管理的相关规定，提高违法行为处罚标准，制定育种研发、科技成果转化及科研人员行为准则。

（二十三）健全管理体系。强化各级农业部门的种子管理职能，明确负责种子管理的机构，保障种子管理工作经费，加强种子管理队伍建设，建立一支廉洁公正、作风优良、业务精通、素质过硬和装备精良的种子管理队伍。地方政府要将属于公共服务范围的种子管理工作经费纳入同级财政预算。

（二十四）发挥行业协会作用。充分发挥种子行业协会在现代农作物种业发展中的协调、服务、维权、自律作用。加强对企业的服务，组织开展企业间、企业与科研单位间的交流与合作；加强行业自律，规范企业行为，开展种子企业信用等级评价，帮助企业做大做强。

（二十五）加强组织领导。由农业部会同中央农办、发展改革委、教育部、科技部、财政部、国土资源部、商务部、人民银行、国资委、税务总局、质检总局、国研室、银监会、保监会等部门成立推进现代农作物种业发展工作协调组，研究解决推进现代农作物种业发展中的重大问题，组织拟定重大政策。有关部门要按照职责分工，细化并落实各项政策措施。各省（区、市）人民政府要加强对农作物种业工作的领导，制定本省（区、市）推进现代农作物种业发展的规划和方案。

国务院
二〇一一年四月十日

国务院办公厅关于加强林木种苗工作的意见

国办发〔2012〕58号

各省、自治区、直辖市人民政府，国务院各部委、各直属机构：

林木种苗是林业发展的重要基础。长期以来，我国林木种苗事业在种质资源收集保存、良种选育推广、种苗生产供应、市场监管等方面取得了积极进展，为保障林产品供给、推动生态建设等发挥了重要作用。为加强林木种苗工作，经国务院同意，现提出如下意见。

一、总体要求

（一）指导思想。以邓小平理论、"三个代表"重要思想、科学发展观为指导，大力开展林木良种选育推广，推进种苗生产供应基础设施建设，创新体制机制，完善法律法规，加强行政执法，加大政策扶持和资金投入，健全管理体系，强化社会化服务，全面提升林木种苗生产供应能力和良种化水平，为实现绿色增长，促进现代林业可持续发展发挥重要作用。

（二）基本原则。坚持科技兴种，强化基础研究和科技成果推广应用。坚持因地制宜，突出地域特色，科学组织种苗生产。坚持机制创新，促进生产专业化、经营主体多元化、质量标准化和"育繁销一体化"。坚持依法治种，严格执法及质量监管，规范市场秩序。

（三）发展目标。到2020年，完成全国林木种质资源调查，建成一批种质资源保存库，林木种质资源得到有效保护。选育推广一批适应性强、增产明显的林木良种,主要造林树种良种使用率提高到75%以上。建设一批生产规模化、管理精细化、设备现代化、人员专业化的种苗生产基地,培育一批创新能力强、示范作用明显的种苗生产龙头企业。健全职责明确、手段先进、监管有力的林木种苗管理体系和优质高效的社会化服务体系,为林业发展提供数量充足、品种对路、质量优良的林木种苗。

二、重点任务

(四)加强林木种质资源保护。积极开展林木种质资源调查、收集与保存,重点建设国家和区域性林木种质资源保存库,逐步形成就地保存、异地保存、设施保存相结合的种质资源保存体系。建立林木种质资源数据信息平台,实现信息共享。公布林木种质资源重点保护名录,建立动态监测体系。完善林木种质资源出口审批制度,在有效保护我国生物多样性和确保生态安全的前提下,积极引进国外优良林木种质资源。

(五)强化林木良种基地建设。科学制定良种基地发展规划,完善重点良种基地管理机制,充分挖掘生产潜力,提高良种生产能力。加强林木遗传测定,加快良种换代步伐,重点建设高生产力种子园、采穗圃,加强珍贵树种母树林培育,不断提高良种品质。

(六)完善生产供应体系。加强林木良种采收、加工、检验、贮藏管理,建立由省级林木种苗管理机构统一调剂的供应机制。积极采用轻基质容器育苗、组培育苗等新技术,提高林木种苗繁育技术和装备水平。建设保障性苗圃,满足重点工程和林农造林需求。

(七)促进特色种苗产业发展。根据各地的自然条件,因地制宜发展绿化苗木、木本油料、中药材和竹藤花卉等特色种苗产业,打造优势品牌，形成种苗生产、交易、流通和售后服务产业链。加大对种苗生产龙头企业的扶持力度，充分发挥其示范辐射作用，带动农户发展设施生产和规模种植。加快区域性交易市场建设，拓展互联网交易平台，创新流通方式。

（八）提高种苗质量与市场监管水平。严格执行林木种苗生产经营许可、检验检疫、标签、档案等管理制度。加强质量监管，及时发布种苗质量检验信息，依法打击制售假、劣种苗和植物新品种侵权等行为，健全种苗行政执法和质量监督体系。整顿和规范种苗市场秩序，打破地方保护，促进公平、有序竞争，为种苗产业发展创造良好的市场环境。

（九）强化科技支撑。将主要造林树种良种选育纳入各级各类科技计划，重点开展育种理论方法和技术、分子生物技术等基础性、前沿性研究以及高生产力种子园和采穗圃建设技术、种子生产加工和检验技术、品种改良技术、无性系材料选育等应用技术研究。制定主要用材树种、经济树种、能源树种以及观赏树种的长期育种计划，建立良种选育区域协作机制，坚持常规育种与生物技术育种相结合，加快良种选育进程。推进林木良种科技领域国际合作交流。

（十）加大品种审定、推广与保护力度。进一步完善林木品种审定制度，公布国家和省级主要林木目录，规范林木良种区域试验和跨区引种行为。加强林木良种宣传和推广使用，国家投资的造林项目应当使用林木良种。完善林木新品种保护制度，维护新品种权所有人的合法权益。

（十一）健全社会化服务体系。加强林木种苗生产供应预测预报和余缺调剂，引导种苗生产有序进行。支持林木种苗协会和专业合作组织发展，充分发挥其协调、服务、维权、自律作用。

三、政策措施

（十二）完善林木良种补贴政策。在现有林木良种补贴试点的基础上，合理确定补贴标准，扩大补贴范围，逐步完善国家、省级林木良种补贴制度，鼓励建立市、县级林木良种补贴制度。制定补贴资金管理办法，确保资金使用安全。

（十三）建立林木种子贮备制度。制定林木种子贮备管理办法，加强种子收购、检验、储存、更新及管理。建立国家主要造林树种种子贮备库。省级林业主管部门根据林木种子结实丰歉规律及造林绿化任务，开展相应的林木种子贮备。支持企业建立专门的林木种子贮备库。

（十四）加大资金投入。各级财政要建立对种质资源调查及收集保存、良种选育、林木种子贮备等长期稳定的投资渠道。地方政府要将属于公共服务范围的种苗管理工作经费纳入同级财政预算。加大对重点良种基地、保障性苗圃、种质资源库、种子贮备库的基本建设投入，加强种苗管理机构能力建设。探索多元化的投入机制，引导金融机构和各类社会资金参与林木种苗产业发展。

（十五）完善种苗产业发展优惠政策。研究完善相关税收支持政策，引导各类社会主体参与种苗生产与经营，加大对种苗产业的政策扶持。研究开展种苗生产保险试点，提高种苗生产抗风险能力。继续免征林木种子种源进口环节增值税。

四、保障措施

（十六）加强组织领导。各省（区、市）人民政府要加强对林木种苗工作的领导，完善发展规划，加强统筹协调，落实相关政策。各级林业、发展改革、科技、财政、农业、工商、税务、金融等部门要加强协作配合，共同做好林木种苗管理工作。强化各级林业部门的林木种苗管理职能，明确管理机构，落实工作责任。加强种苗管理机构标准化建设,加大从业人员培训力度。

(十七)完善法律法规。适时研究修订种子法及其配套法规、规章,制定和完善林木良种选育、生产和推广使用管理办法。加快制(修)订林木良种选育、苗木生产等标准。

(十八)创新发展机制。积极探索符合市场经济要求的种苗生产、经营和管理体制机制。鼓励有条件的良种生产基地开展苗木生产经营,形成良种选育、生产以及苗木繁育一体化的发展模式。加大国有苗圃改革力度,通过联合、兼并、股份制改造等形式,引入社会资本,实现规模经营。支持有条件的苗圃发挥自身优势,建设保障性苗圃。

国务院办公厅

2012 年 12 月 26 日

主要农作物品种审定办法

中华人民共和国农业部令

2016年第4号

《主要农作物品种审定办法》已经农业部2016年第6次常务会议审议通过,现予公布,自2016年8月15日起施行。

农业部部长
2016年7月8日

第一章 总 则

第一条 为科学、公正、及时地审定主要农作物品种,根据《中华人民共和国种子法》(以下简称《种子法》),制定本办法。

第二条 在中华人民共和国境内的主要农作物品种审定,适用本办法。

第三条 本办法所称主要农作物,是指稻、小麦、玉米、棉花、大豆、油菜、马铃薯,以及各省级人民政府农业行政主管部门确定的其他1至2种农作物。

第二章 品种审定委员会

第四条 农业部设立国家农作物品种审定委员会,负责国家级农作物品种审定工作。省级人民政府农业行政主管部门设立省级农作物品种审定委员会,负责省级农作物品种审定工作。

第五条 品种审定委员会由科研、教学、生产、推广、管理、使用等方面的专业人员组成。委员应当具有高级专业技术职称或处级以上职务，年龄一般在55岁以下。每届任期5年。

品种审定委员会设主任1名，副主任2—5名。

第六条 品种审定委员会设立办公室，负责品种审定委员会的日常工作，设主任1名，副主任1—2名。

第七条 品种审定委员会按作物种类设立专业委员会，各专业委员会由11—23人组成，设主任1名，副主任1—2名。

第八条 品种审定委员会设立主任委员会，由品种审定委员会主任和副主任、各专业委员会主任、办公室主任组成。

第三章 申请和受理

第九条 申请品种审定的单位和个人（以下简称申请者），可以直接向国家农作物品种审定委员会或省级农作物品种审定委员会提出申请。

在中国没有经常居所或者营业场所的外国人、外国企业或者其他组织在中国申请品种审定的，应当委托具有法人资格的中国种子科研、生产、经营机构代理。

第十条 稻、小麦、玉米、棉花、大豆、油菜、马铃薯品种实行国家级或省级审定。申请者可以单独申请国家级审定或省级审定，也可以同时申请国家级审定和省级审定，还可以同时向几个省、自治区、直辖市申请审定。

省级人民政府农业行政主管部门确定的主要农作物品种实行省级审定。

第十一条 申请审定的品种应当具备下列条件：

（一）人工选育或发现并经过改良；

（二）与现有品种（已审定通过或本级品种审定委员会已受理的其他品种）有明显区别；

（三）遗传性状稳定；

（四）形态特征和生物学特性一致；

（五）具有符合《农业植物品种命名规定》的名称；

（六）已完成同一生态类型区2年以上、多点的品种比较试验。其中，申请国家级品种审定的，稻、小麦、玉米品种比较试验每年不少于20个点，棉花、大豆、油菜、马铃薯品种比较试验每年不少于10个点，或具备省级品种审定试验结果报告；申请省级品种审定的，稻、小麦、玉米品种比较试验每年不少于10个点，棉花、大豆、油菜、马铃薯以及省级确定的主要农作物品种比较试验每年不少于5个点。

申请者在申请品种审定过程中有欺骗、贿赂等不正当行为的，三年内不受理其申请；构成犯罪的，依法追究刑事责任。

第十二条 申请品种审定的，应当向品种审定委员会办公室提交以下材料：

（一）申请表，包括作物种类和品种名称（书面保证所申请品种名称与农业植物新品种权和农业转基因生物安全评价中使用的名称一致）；申请者名称、地址、邮政编码、联系人、电话号码、传真、国籍；品种选育的单位或者个人（以下简称育种者）等内容；

（二）品种选育报告，包括亲本组合以及杂交种的亲本血缘关系、选育方法、世代和特性描述；品种（含杂交种亲本）特征特性描述、标准图片，建议的试验区域和栽培要点；品种主要缺陷及应当注意的问题；

（三）品种比较试验报告，包括试验目的、试验品种、试验设计、承担单位、抗性鉴定、品质分析、产量结果及各试验点数据、汇总结果等；

（四）品种和申请材料真实性承诺书；

（五）转基因检测报告；

（六）转基因棉花品种还应当提供农业转基因生物安全证书。

第十三条 品种审定委员会办公室在收到申请书60日内作出受理或不予受理的决定，并书面通知申请者。

对于符合本办法第十一条、第十二条规定的，应当受理，并通知申请者在30日内提供试验种子。对于提供试验种子的，由办公室安排品种试验。逾期不提供试验种子的，视为撤回申请。

对于不符合本办法第十一条、第十二条规定的，不予受理。申请者可以在接到通知后60日内陈述意见或者对申请材料予以修正，逾期未陈述意见或者修正的，视为撤回申请；修正后仍然不符合规定的，驳回申请。

第十四条 品种审定委员会办公室应当在申请者提供的试验种子中留取标准样品，交农业部指定机构保存。

第四章 品种试验

第十五条 品种试验包括以下内容：

（一）区域试验；

（二）生产试验；

（三）品种特异性、一致性和稳定性测试（以下简称DUS测试）。

已通过省级审定的品种，具备相邻省、自治区、直辖市同一生态类型区10个以上生产试验点两年的试验数据的，申请国家级审定时可以免予进行区域试验和生产试验。

具体试验办法由品种审定委员会制定并发布。

第十六条 国家级品种区域试验、生产试验由全国农业技术推广服务中心组织实施，省级品种区域试验、生产试验由省级种子管理机构组织实施。

DUS测试由农业部植物新品种测试中心组织实施。

第十七条 区域试验应当对品种丰产性、稳产性、适应性、抗逆性和品质等农艺性状进行鉴定，并进行DNA指纹检测、转基因检测。

每一个品种的区域试验，试验时间不少于两个生产周期，试验重复不少于3次；同一生态类型区试验点，国家级不少于10个，省级不少于5个。

第十八条 DUS测试与区域试验同步，按相应作物测试指南要求进行。

第十九条 生产试验应当在区域试验完成后，在同一生态类型区，按照当地主要生产方式，在接近大田生产条件下对品种的丰产性、稳产性、适应性、抗逆性等进一步验证。

每一个品种的生产试验点数量不少于区域试验点，一个试验点的种植面积不少于300平方米，不大于3000平方米，试验时间不少于一个生产周期。

第二十条 区域试验、生产试验对照品种应当是同一生态类型区同期生产上推广应用的已审定品种，具备良好的代表性。

对照品种由品种试验组织实施单位提出，品种审定委员会相关专业委员会确认，并根据农业生产发展的需要适时更换。

省级农作物品种审定委员会应当将省级区域试验、生产试验对照品种报国家农作物品种审定委员会备案。

第二十一条 区域试验、生产试验承担单位应当具备独立法人资格,具有相应的试验用地、仪器设备、技术人员。

品种试验技术人员应当具有相关专业大专以上学历或中级以上专业技术职称、3年以上品种试验相关工作经历,并定期接受相关技术培训。

抗逆性鉴定、品质检测、DNA指纹检测、转基因检测由品种审定委员会指定的测试机构承担。

第二十二条 品种试验组织实施单位应当会同品种审定委员会办公室,定期组织开展品种试验考察,检查试验质量、鉴评试验品种表现,并形成考察报告。

第二十三条 品种试验组织实施单位应当在每个生产周期结束后60日内召开品种试验总结会议。品种审定委员会专业委员会根据试验汇总结果、试验考察情况,确定品种是否终止试验、继续试验、提交审定,由品种审定委员会办公室将品种处理结果及时通知申请者。

第二十四条 实行选育生产经营相结合、注册资本达到1亿元的种子企业,在申请主要农作物品种国家级审定时可以开展自有品种区域试验、生产试验,试验方案应当在播种前60日内报国家农作物品种审定委员会办公室确认,试验条件、标准不得低于国家级区域试验、生产试验要求,并应接受本办法第二十二条规定的品种试验考察。具体办法由国家农作物品种审定委员会制定并发布。

第五章 审定与公告

第二十五条 对于完成区域试验、生产试验和DUS测试程序的品种,品种试验组织实施单位应当在60日内将各试验点数据、汇总结果提交品种审定委员会办公室。

本办法第十五条第二款规定的品种申请国家级审定的，育种者应当将省级审定证书、审定公告复印件、育种者自行开展的生产试验总结报告、DUS测试报告提交国家农作物品种审定委员会办公室。

品种审定委员会办公室在30日内提交品种审定委员会相关专业委员会初审，专业委员会应当在60日内完成初审。

第二十六条 初审品种时，各专业委员会应当召开全体会议，到会委员达到该专业委员会委员总数三分之二以上的，会议有效。对品种的初审，根据审定标准，采用无记名投票表决，赞成票数达到该专业委员会委员总数二分之一以上的品种，通过初审。

第二十七条 初审实行回避制度。专业委员会主任的回避，由品种审定委员会办公室决定；其他委员的回避，由专业委员会主任决定。

第二十八条 初审通过的品种，由品种审定委员会办公室在30日内将初审意见及各试点试验数据、汇总结果，在同级农业行政主管部门官方网站公示，公示期不少于60日。

第二十九条 公示期满后，品种审定委员会办公室应当将初审意见、公示结果，提交品种审定委员会主任委员会审核。主任委员会应当在30日内完成审核。审核同意的，通过审定。

第三十条 审定通过的品种，由品种审定委员会编号、颁发证书，同级农业行政主管部门公告。

省级审定的农作物品种在公告前，应当由省级人民政府农业行政主管部门将品种名称等信息报农业部公示。

第三十一条 审定编号为审定委员会简称、作物种类简称、年号、序号，其中序号为三位数。

第三十二条 审定公告内容包括：审定编号、品种名称、申请者、育种者、品种来源、形态特征、生育期、产量、品质、抗逆性、栽培技术要点、适宜种植区域及注意事项等。

省级品种审定公告，应当在发布后 30 日内报国家农作物品种审定委员会备案。

审定公告公布的品种名称为该品种的通用名称。禁止在生产、经营、推广过程中擅自更改该品种的通用名称。

第三十三条　审定证书内容包括：审定编号、品种名称、申请者、育种者、品种来源、审定意见、公告号、证书编号。

第三十四条　审定未通过的品种，由品种审定委员会办公室在 30 日内书面通知申请者。申请者对审定结果有异议的，可以自接到通知之日起 30 日内，向原品种审定委员会申请复审。品种审定委员会应当在下一次审定会议期间对复审理由、原审定文件和原审定程序进行复审。品种审定委员会办公室认为有必要的，可以在复审前再安排一个生产周期的品种试验。

品种审定委员会办公室应当在复审后 30 日内将复审结果书面通知申请者。

第三十五条　稻、小麦、玉米、棉花、大豆、油菜、马铃薯的品种审定标准，由国家农作物品种审定委员会制定。

省级农业行政主管部门确定的主要农作物的品种审定标准，由省级农作物品种审定委员会制定，报国家农作物品种审定委员会备案。

制定品种审定标准，应当公开征求意见。

第六章　品种退出

第三十六条　审定通过的品种，有下列情形之一的，应当退出：

（一）在使用过程中发现有不可克服的缺点的；

（二）种性严重退化的；

（三）未按要求提供品种标准样品的。

第三十七条 拟退出的品种，由品种审定委员会办公室在书面征求育种者或品种权人意见后提出建议，经专业委员会初审后，在同级农业行政主管部门官方网站公示，公示期不少于60日。

公示期满后，品种审定委员会办公室应当将初审意见、公示结果，提交品种审定委员会主任委员会审核，主任委员会应当在30日内完成审核。审核同意退出的，由同级农业行政主管部门予以公告。

第三十八条 公告退出的品种，自退出公告发布之日起停止生产，自退出公告发布一个生产周期后停止经营、推广。品种审定委员会认为有必要的，可以决定自退出公告发布之日起停止经营、推广。

省级品种退出公告，应当在发布后30日内报国家农作物品种审定委员会备案。

第七章 监督管理

第三十九条 品种试验、审定单位及工作人员，对在试验、审定过程中获知的申请者的商业秘密负有保密义务，不得对外提供申请品种审定的种子或者谋取非法利益。

第四十条 品种试验承担单位弄虚作假的，取消承担品种试验资格，并依法追究单位及其有关责任人的行政责任和民事责任；构成犯罪的，依法追究刑事责任。

第四十一条 品种试验、审定工作人员弄虚作假、徇私舞弊、滥用职权、玩忽职守、索贿受贿的，依法给予行政处分；构成犯罪的，依法追究刑事责任。

第八章 附 则

第四十二条 通过省级审定的主要农作物品种，经相邻省、自治区、直辖市人民政府农业行政主管部门同意后，可以在相邻省、自治区、直辖市属于同一适宜生态区的地域引种，但应当在推广地区先进行引种试验，证明其具有适用性。

第四十三条 农作物品种审定所需工作经费和品种试验经费，列入同级农业行政主管部门财政专项经费预算，不向申请者收取。

第四十四条 蚕品种审定参照本办法执行。

转基因农作物（不含转基因棉花）品种审定办法另行制定。

第四十五条 本办法自 2014 年 2 月 1 日起施行，农业部 2001 年 2 月 26 日发布、2007 年 11 月 8 日修订的《主要农作物品种审定办法》同时废止。

非主要农作物品种登记办法

中华人民共和国农业部令

2017年第1号

《非主要农作物品种登记办法》已经农业部2017年第4次常务会议审议通过，现予公布，自2017年5月1日起施行。

农业部部长
2017年3月30日

第一章 总 则

第一条 为了规范非主要农作物品种管理，科学、公正、及时地登记非主要农作物品种，根据《中华人民共和国种子法》（以下简称《种子法》），制定本办法。

第二条 在中华人民共和国境内的非主要农作物品种登记，适用本办法。

法律、行政法规和农业部规章对非主要农作物品种管理另有规定的，依照其规定。

第三条 本办法所称非主要农作物，是指稻、小麦、玉米、棉花、大豆五种主要农作物以外的其他农作物。

第四条 列入非主要农作物登记目录的品种，在推广前应当登记。

应当登记的农作物品种未经登记的，不得发布广告、推广，不得以登记品种的名义销售。

第五条 农业部主管全国非主要农作物品种登记工作，制定、调整非主要农作物登记目录和品种登记指南，建立全国非主要农作物品种登记信息平台（以下简称品种登记平台），具体工作由全国农业技术推广服务中心承担。

第六条 省级人民政府农业主管部门负责品种登记的具体实施和监督管理，受理品种登记申请，对申请者提交的申请文件进行书面审查。

省级以上人民政府农业主管部门应当采取有效措施，加强对已登记品种的监督检查，履行好对申请者和品种测试、试验机构的监管责任，保证消费安全和用种安全。

第七条 申请者申请品种登记，应当对申请文件和种子样品的合法性、真实性负责，保证可追溯，接受监督检查。给种子使用者和其他种子生产经营者造成损失的，依法承担赔偿责任。

第二章 申请、受理与审查

第八条 品种登记申请实行属地管理。一个品种只需要在一个省份申请登记。

第九条 两个以上申请者分别就同一个品种申请品种登记的，优先受理最先提出的申请；同时申请的，优先受理该品种育种者的申请。

第十条 申请者应当在品种登记平台上实名注册，可以通过品种登记平台提出登记申请，也可以向住所地的省级人民政府农业主管部门提出书面登记申请。

第十一条 在中国境内没有经常居所或者营业场所的境外机构、个人在境内申请品种登记的，应当委托具有法人资格的境内种子企业代理。

第十二条 申请登记的品种应当具备下列条件：

（一）人工选育或发现并经过改良；

（二）具备特异性、一致性、稳定性；

（三）具有符合《农业植物品种命名规定》的品种名称。

申请登记具有植物新品种权的品种，还应当经过品种权人的书面同意。

第十三条 对新培育的品种，申请者应当按照品种登记指南的要求提交以下材料：

（一）申请表；

（二）品种特性、育种过程等的说明材料；

（三）特异性、一致性、稳定性测试报告；

（四）种子、植株及果实等实物彩色照片；

（五）品种权人的书面同意材料；

（六）品种和申请材料合法性、真实性承诺书。

第十四条 本办法实施前已审定或者已销售种植的品种，申请者可以按照品种登记指南的要求，提交申请表、品种生产销售应用情况或者品种特异性、一致性、稳定性说明材料，申请品种登记。

第十五条 省级人民政府农业主管部门对申请者提交的材料，应当根据下列情况分别作出处理：

（一）申请品种不需要品种登记的，即时告知申请者不予受理；

（二）申请材料存在错误的，允许申请者当场更正；

（三）申请材料不齐全或者不符合法定形式的，应当当场或者在五个工作日内一次告知申请者需要补正的全部内容，逾期不告

知的,自收到申请材料之日起即为受理;

(四)申请材料齐全、符合法定形式,或者申请者按照要求提交全部补正材料的,予以受理。

第十六条 省级人民政府农业主管部门自受理品种登记申请之日起二十个工作日内,对申请者提交的申请材料进行书面审查,符合要求的,将审查意见报农业部,并通知申请者提交种子样品。经审查不符合要求的,书面通知申请者并说明理由。

申请者应当在接到通知后按照品种登记指南要求提交种子样品;未按要求提供的,视为撤回申请。

第十七条 省级人民政府农业主管部门在二十个工作日内不能作出审查决定的,经本部门负责人批准,可以延长十个工作日,并将延长期限理由告知申请者。

第三章 登记与公告

第十八条 农业部自收到省级人民政府农业主管部门的审查意见之日起二十个工作日内进行复核。对符合规定并按规定提交种子样品的,予以登记,颁发登记证书;不予登记的,书面通知申请者并说明理由。

第十九条 登记证书内容包括:登记编号、作物种类、品种名称、申请者、育种者、品种来源、适宜种植区域及季节等。

第二十条 农业部将品种登记信息进行公告,公告内容包括:登记编号、作物种类、品种名称、申请者、育种者、品种来源、特征特性、品质、抗性、产量、栽培技术要点、适宜种植区域及季节等。

登记编号格式为:GPD+作物种类+(年号)+2位数字的省份代号+4位数字顺序号。

第二十一条 登记证书载明的品种名称为该品种的通用名称,

禁止在生产、销售、推广过程中擅自更改。

第二十二条 已登记品种，申请者要求变更登记内容的，应当向原受理的省级人民政府农业主管部门提出变更申请，并提交相关证明材料。

原受理的省级人民政府农业主管部门对申请者提交的材料进行书面审查，符合要求的，报农业部予以变更并公告，不再提交种子样品。

第四章 监督管理

第二十三条 农业部推进品种登记平台建设，逐步实行网上办理登记申请与受理，在统一的政府信息发布平台上发布品种登记、变更、撤销、监督管理等信息。

第二十四条 农业部对省级人民政府农业主管部门开展品种登记工作情况进行监督检查，及时纠正违法行为，责令限期改正，对有关责任人员依法给予处分。

第二十五条 省级人民政府农业主管部门发现已登记品种存在申请文件、种子样品不实，或者已登记品种出现不可克服的严重缺陷等情形的，应当向农业部提出撤销该品种登记的意见。

农业部撤销品种登记的，应当公告，停止推广；对于登记品种申请文件、种子样品不实的，按照规定将申请者的违法信息记入社会诚信档案，向社会公布。

第二十六条 申请者在申请品种登记过程中有欺骗、贿赂等不正当行为的，三年内不受理其申请。

第二十七条 品种测试、试验机构伪造测试、试验数据或者出具虚假证明的，省级人民政府农业主管部门应当依照《种子法》第七十二条规定，责令改正，对单位处五万元以上十万元以下罚款，对直接负责的主管人员和其他直接责任人员处一万元以上五万元以下罚款；有违法所得的，并处没收违法所得；给种子使用者和其他种子生产经营者造成损失的，与种子生产经营者承担连带责任。情节严重的，依法取消品种测试、试验资格。

第二十八条　有下列行为之一的，由县级以上人民政府农业主管部门依照《种子法》第七十八条规定，责令停止违法行为，没收违法所得和种子，并处二万元以上二十万元以下罚款：

（一）对应当登记未经登记的农作物品种进行推广，或者以登记品种的名义进行销售的；

（二）对已撤销登记的农作物品种进行推广，或者以登记品种的名义进行销售的。

第二十九条　品种登记工作人员应当忠于职守，公正廉洁，对在登记过程中获知的申请者的商业秘密负有保密义务，不得擅自对外提供登记品种的种子样品或者谋取非法利益。不依法履行职责、弄虚作假、徇私舞弊的，依法给予处分；自处分决定作出之日起五年内不得从事品种登记工作。

第五章　附　　则

第三十条　品种适应性、抗性鉴定以及特异性、一致性、稳定性测试，申请者可以自行开展，也可以委托其他机构开展。

第三十一条　本办法自2017年5月1日起施行。

食用菌菌种管理办法

中华人民共和国农业部令

2015年第1号

现公布《农业部关于修订部分规章和规范性文件的决定》，自公布之日起施行。

农业部部长
2015年4月29日

（2006年3月27日农业部令第62号公布；根据2013年12月31日农业部令2013年第5号、2014年4月25日农业部令2014年第3号、2015年4月29日农业部令2015年第1号修订）

第一章 总 则

第一条 为保护和合理利用食用菌种质资源，规范食用菌品种选育及食用菌菌种（以下简称菌种）的生产、经营、使用和管理，根据《中华人民共和国种子法》，制定本办法。

第二条 在中华人民共和国境内从事食用菌品种选育和菌种生产、经营、使用、管理等活动，应当遵守本办法。

第三条 本办法所称菌种是指食用菌菌丝体及其生长基质组成的繁殖材料。

菌种分为母种（一级种）、原种（二级种）和栽培种（三级种)三级。

第四条 农业部主管全国菌种工作。县级以上地方人民政府农业(食用菌,下同)行政主管部门负责本行政区域内的菌种管理工作。

第五条 县级以上地方人民政府农业行政主管部门应当加强食用菌种质资源保护和良种选育、生产、更新、推广工作,鼓励选育、生产、经营相结合。

第二章 种质资源保护和品种选育

第六条 国家保护食用菌种质资源,任何单位和个人不得侵占和破坏。

第七条 禁止采集国家重点保护的天然食用菌种质资源。确因科研等特殊情况需要采集的,应当依法申请办理采集手续。

第八条 任何单位和个人向境外提供食用菌种质资源(包括长有菌丝体的栽培基质及用于菌种分离的子实体),应当报农业部批准。

第九条 从境外引进菌种,应当依法检疫,并在引进后30日内,送适量菌种至中国农业微生物菌种保藏管理中心保存。

第十条 国家鼓励和支持单位和个人从事食用菌品种选育和开发,鼓励科研单位与企业相结合选育新品种,引导企业投资选育新品种。

选育的新品种可以依法申请植物新品种权,国家保护品种权人的合法权益。

第十一条 食用菌品种选育(引进)者可自愿向全国农业技术推广服务中心申请品种认定。全国农业技术推广服务中心成立食用菌品种认定委员会,承担品种认定的技术鉴定工作。

第十二条 食用菌品种名称应当规范。具体命名规则由农业部另行规定。

第三章 菌种生产和经营

第十三条 从事菌种生产经营的单位和个人,应当取得《食用菌菌种生产经营许可证》。

仅从事栽培种经营的单位和个人,可以不办理《食用菌菌种生产经营许可证》,但经营者要具备菌种的相关知识,具有相应的菌种贮藏设备和场所,并报县级人民政府农业行政主管部门备案。

第十四条 母种和原种《食用菌菌种生产经营许可证》,由所在地县级人民政府农业行政主管部门审核,省级人民政府农业行政主管部门核发,报农业部备案。

栽培种《食用菌菌种生产经营许可证》由所在地县级人民政府农业行政主管部门核发,报省级人民政府农业行政主管部门备案。

第十五条 申请母种和原种《食用菌菌种生产经营许可证》的单位和个人,应当具备下列条件:

(一)生产经营母种注册资本100万元以上,生产经营原种注册资本50万元以上;

(二)省级人民政府农业行政主管部门考核合格的检验人员1名以上、生产技术人员2名以上;

(三)有相应的灭菌、接种、培养、贮存等设备和场所,有相应的质量检验仪器和设施。生产母种还应当有做出菇试验所需的设备和场所。

(四)生产场地环境卫生及其他条件符合农业部《食用菌菌种生产技术规程》要求。

第十六条 申请栽培种《食用菌菌种生产经营许可证》的单位和个人,应当具备下列条件:

(一) 注册资本10万元以上;

(二) 省级人民政府农业行政主管部门考核合格的检验人员1名以上、生产技术人员1名以上;

(三) 有必要的灭菌、接种、培养、贮存等设备和场所,有必要的质量检验仪器和设施;

(四) 栽培种生产场地的环境卫生及其他条件符合农业部《食用菌菌种生产技术规程》要求。

第十七条 申请《食用菌菌种生产经营许可证》,应当向县级人民政府农业行政主管部门提交下列材料:

(一) 食用菌菌种生产经营许可证申请表;

(二) 营业执照复印件;

(三) 菌种检验人员、生产技术人员资格证明;

(四) 仪器设备和设施清单及产权证明,主要仪器设备的照片;

(五) 菌种生产经营场所照片及产权证明;

(六) 品种特性介绍;

(七) 菌种生产经营质量保证制度。

申请母种生产经营许可证的品种为授权品种的,还应当提供品种权人(品种选育人)授权的书面证明。

第十八条 县级人民政府农业行政主管部门受理母种和原种的生产经营许可申请后,可以组织专家进行实地考查,但应当自受理申请之日起20日内签署审核意见,并报省级人民政府农业行政主管部门审批。省级人民政府农业行政主管部门应当自收到审核意见之日起20日内完成审批。符合条件的,发给生产经营许可证；不符合条件的，书面通知申请人并说明理由。

县级人民政府农业行政主管部门受理栽培种生产经营许可申请后，可以组织专家进行实地考查，但应当自受理申请之日起20日内完成审批。符合条件的，发给生产经营许可证；不符合条件的，书面通知申请人并说明理由。

第十九条 菌种生产经营许可证有效期为3年。有效期满后需继续生产经营的，被许可人应当在有效期满2个月前，持原证按原申请程序重新办理许可证。

在菌种生产经营许可证有效期内，许可证注明项目变更的，被许可人应当向原审批机关办理变更手续，并提供相应证明材料。

第二十条 菌种按级别生产，下一级菌种只能用上一级菌种生产，栽培种不得再用于扩繁菌种。

获得上级菌种生产经营许可证的单位和个人，可以从事下级菌种的生产经营。

第二十一条 禁止无证或者未按许可证的规定生产经营菌种；禁止伪造、涂改、买卖、租借《食用菌菌种生产经营许可证》。

第二十二条 菌种生产单位和个人应当按照农业部《食用菌菌种生产技术规程》生产，并建立菌种生产档案，载明生产地点、时间、数量、培养基配方、培养条件、菌种来源、操作人、技术负责人、检验记录、菌种流向等内容。生产档案应当保存至菌种售出后2年。

第二十三条 菌种经营单位和个人应当建立菌种经营档案，载明菌种来源、贮存时间和条件、销售去向、运输、经办人等内容。经营档案应当保存至菌种销售后2年。

第二十四条 销售的菌种应当附有标签和菌种质量合格证。标签应当标注菌种种类、品种、级别、接种日期、保藏条件、保质期、菌种生产经营许可证编号、执行标准及生产者名称、生产地点。标签标注的内容应当与销售菌种相符。

菌种经营者应当向购买者提供菌种的品种种性说明、栽培要点及相关咨询服务，并对菌种质量负责。

第四章　菌种质量

第二十五条　农业部负责制定全国菌种质量监督抽查规划和本级监督抽查计划，县级以上地方人民政府农业行政主管部门负责对本行政区域内菌种质量的监督，根据全国规划和当地实际情况制定本级监督抽查计划。

菌种质量监督抽查不得向被抽查者收取费用。禁止重复抽查。

第二十六条　县级以上人民政府农业行政主管部门可以委托菌种质量检验机构对菌种质量进行检验。

承担菌种质量检验的机构应当具备相应的检测条件和能力，并经省级人民政府有关主管部门考核合格。

第二十七条　菌种质量检验机构应当配备菌种检验员。菌种检验员应当具备以下条件：

（一）具有相关专业大专以上文化水平或者具有中级以上专业技术职称；

（二）从事菌种检验技术工作3年以上；

（三）经省级人民政府农业行政主管部门考核合格。

第二十八条　禁止生产、经营假、劣菌种。

有下列情形之一的，为假菌种：

（一）以非菌种冒充菌种；

（二）菌种种类、品种、级别与标签内容不符的。

有下列情形之一的，为劣菌种：

（一）质量低于国家规定的种用标准的；

（二）质量低于标签标注指标的；

（三）菌种过期、变质的。

第五章 进出口管理

第二十九条 从事菌种进出口的单位，除具备菌种生产经营许可证以外，还应当依照国家外贸法律、行政法规的规定取得从事菌种进出口贸易的资格。

第三十条 申请进出口菌种的单位和个人，应当填写《进（出）口菌种审批表》，经省级人民政府农业行政主管部门批准后，依法办理进出口手续。

菌种进出口审批单有效期为3个月。

第三十一条 进出口菌种应当符合下列条件：

（一）属于国家允许进出口的菌种质资源；

（二）菌种质量达到国家标准或者行业标准；

（三）菌种名称、种性、数量、原产地等相关证明真实完备；

（四）法律、法规规定的其他条件。

第三十二条 申请进出口菌种的单位和个人应当提交下列材料：

（一）《食用菌菌种生产经营许可证》复印件、营业执照副本和进出口贸易资格证明；

（二）食用菌品种说明；

（三）符合第三十一条规定条件的其他证明材料。

第三十三条 为境外制种进口菌种的，可以不受本办法第二十九条限制，但应当具有对外制种合同。进口的菌种只能用于制种，其产品不得在国内销售。

从境外引进试验用菌种及扩繁得到的菌种不得作为商品菌种出售。

第六章 附　则

第三十四条　违反本办法规定的行为，依照《中华人民共和国种子法》的有关规定予以处罚。

第三十五条　本办法所称菌种种性是指食用菌品种特性的简称，包括对温度、湿度、酸碱度、光线、氧气等环境条件的要求，抗逆性、丰产性、出菇迟早、出菇潮数、栽培周期、商品质量及栽培习性等农艺性状。

第三十六条　野生食用菌菌种的采集和进出口管理，应当按照《农业野生植物保护办法》的规定，办理相关审批手续。

第三十七条　本办法自2006年6月1日起施行。1996年7月1日农业部发布的《全国食用菌菌种暂行管理办法》（农农发〔1996〕6号）同时废止，依照《全国食用菌菌种暂行管理办法》领取的菌种生产、经营许可证自有效期届满之日起失效。

热带作物种质资源保护项目
验收办法（暂行）

农业部办公厅关于印发
《热带作物种质资源保护项目验收办法（暂行）》的通知
农办垦〔2009〕98号

各有关单位：

为做好热带作物种质资源保护项目验收工作，强化责任机制，根据《热带作物种质资源保护项目资金管理暂行办法》（农办垦〔2008〕98号）等有关规定，我部研究制定了《热带作物种质资源保护项目验收办法（暂行）》，现印发给你们，请遵照执行。

农业部农垦局
二〇〇九年十二月十四日

第一章 总 则

第一条 为做好热带作物种质资源保护项目（以下简称"项目"）验收工作，强化责任机制，根据《热带作物种质资源保护项目资金管理暂行办法》（农办垦〔2008〕98号）等有关规定，制定本办法。

第二条 验收工作遵循实事求是、客观公正、科学严谨、讲求实效、简便易行的原则，采用科学的评价机制，做到公开、公平、公正，确保验收工作的严肃性和科学性。

第二章 验收时间与内容

第三条 项目验收工作在合同执行期满后半年内完成。因客观原因不能按期进行验收的项目，承担单位应在合同完成期限后一个月内提出延期验收申请，报农业部农垦局批准。延期验收时间不能超过一年。

第四条 项目验收工作以《农业部热带作物种质资源保护项目合同》为依据，主要对项目任务和考核指标完成、经费使用及实施效果等情况进行考核和评价。

第五条 项目实施过程中，因不可抗力或其他事由，合同指标需进行调整或项目必须终止的，应及时向农业部农垦局提出申请，按批准后的目标、任务和完成时间进行验收，或审查后做出终止意见。

第三章 验收程序与组织

第六条 项目实施单位按合同约定的期限完成项目计划后一个月内，向农业部农垦局提出验收申请，并提交以下材料：

1. 农业部热带作物种质资源保护项目验收申请书；
2. 农业部热带作物种质资源保护项目合同；
3. 农业部热带作物种质资源保护项目执行情况总结报告；
4. 农业部热带作物种质资源保护项目经费决算表；
5. 其他相关材料。

第七条 项目验收材料经承担单位主管部门形式审查并签署意见后，报送农业部农垦局审核，由农业部农垦局下达项目验收通知。

第八条 农业部农垦局组织成立项目验收委员会，项目验收委员会负责项目验收工作,根据具体情况采用现场、通信、会议等方式进行。

  第九条 项目验收委员会由5—7名具有高级职称和良好职业道德的技术、经济、管理等领域的专家组成,其中相关技术领域的专家不少于三分之二。项目承担单位、合作单位等相关人员不能作为项目验收委员会委员。

  第十条 项目验收委员会委员职责:技术专家负责对项目合同书规定的技术内容和指标的完成情况进行评价;经济专家负责对项目经费使用情况和经济社会效益进行评价;管理专家负责对项目知识产权和组织实施情况进行评价。

  第十一条 项目验收委员会委员对验收材料负有保密责任,不得擅自使用或对外公开。

  第十二条 项目验收委员会对所验收项目做出验收意见,并对验收意见负责。

  第十三条 项目承担单位在验收后15日内将验收材料装订成册,一式2份连同电子文档报送农业部农垦局。报送的电子文档必须与报送的书面材料一致。

第四章 验收结论与后续管理

  第十四条 验收结论分为"通过验收"和"不通过验收"。

  第十五条 凡具有下列情况之一者,按"不通过验收"处理:

  1. 未完成合同规定任务和考核指标80%;

  2. 提供的验收材料不全或不真实;

  3. 未经批准,擅自对目标、任务和考核指标等作较大调整;

  4. 超过合同完成期限半年仍未完成验收,而又未获得延期验收批准;

5. 经财务检查，项目经费使用存在违规违纪行为；

6. 项目实施过程及结果等存在纠纷尚未解决。

第十六条 未通过验收的项目在接到通知一年内，可提出再次验收申请。如仍未通过验收，项目负责人三年内、承担单位一年内不得再承担此类项目。

第十七条 任何单位或个人对验收结论有异议的，可在收到验收证书之日起15日内，书面向农业部农垦局提出，逾期不予受理。

第十八条 项目验收完成后，由农业部农垦局建立项目验收档案，并作为项目承担单位和项目负责人再次申请该类项目时的信用评价依据。

第五章 罚 则

第十九条 项目承担单位和项目负责人对验收材料的真实性、准确性和完整性负责。对在验收过程中出现的弄虚作假及渎职等行为，一经查实，将终止或取消其继续承担此类项目的资格。给国家、社会造成损失的，依照有关法律及规定追究其责任。

第二十条 参加项目验收的有关人员，未经允许擅自披露、使用或者向他人提供和转让项目技术成果的，依照有关法律及规定追究其责任。

第六章 附 则

第二十一条 本办法由农业部农垦局负责解释。

第二十二条 本办法自发布之日起实施。

农作物病虫害专业化统防统治管理办法

中国人民共和国农业部公告

第 1571 号

农作物病虫害专业化统防统治符合现代农业发展方向，是解决一家一户农民防病治虫难、提高防治效果、减少农药污染的有效途径。为大力扶持发展专业化统防统治组织，规范其服务行为，根据《中华人民共和国农业法》、《中华人民共和国农民专业合作社法》、《中华人民共和国农药管理条例》，我部制定了《农作物病虫害专业化统防统治管理办法》，现予发布实施。请各地依照本办法，强化各项扶持措施，加强管理服务，切实推进专业化统防统治持续健康发展。

特此公告。

二〇一一年六月十七日

第一章 总 则

第一条 为推进农作物病虫害专业化统防统治，扶持发展专业化统防统治组织，规范专业化统防统治服务行为，提升农作物病虫害防控能力，保障粮食安全、农产品质量安全和生态环境安全，制定本办法。

第二条 本办法所称农作物病虫害专业化统防统治（以下简称"专业化统防统治"），是指具备相应植物保护专业技术和设备的服务组织,开展社会化、规模化、集约化农作物病虫害防治服务的行为。

第三条 各级农业行政主管部门应当按照"政府支持、市场运作、农民自愿、循序渐进"原则,制定政策措施,以资金补助、物资扶持、技术援助等方式扶持专业化统防统治组织的发展,大力推进专业化统防统治。

第四条 县级以上人民政府农业行政主管部门负责专业化统防统治的指导和监督工作,具体工作可以委托农业植物保护机构承担。

第五条 专业化统防统治组织,应当以服务农民和农业生产为宗旨,按照"预防为主、综合防治"的植物保护方针,开展病虫害防治工作,自觉接受有关部门的监督与指导。

第二章 组织管理与指导

第六条 对具备以下条件的专业化统防统治组织,农业行政主管部门应当优先予以扶持:

(一)经工商或民政部门注册登记,取得法人资格,并在所在服务区域县级以上农业植物保护机构备案;

(二)具有固定的经营服务场所和符合安全要求的物资储存条件;

(三)具有10名以上经过植物保护专业技术培训合格的防治队员,其中获得国家植物保护员资格或初级职称资格的专业技术人员不少于1名;

(四)日作业能力达到300亩(设施农业100亩)以上;

(五)具有健全的人员管理、服务合同管理、田间作业和档案记录等管理制度。

第七条 第六条规定的专业化统防统治组织向农业植物保护机构备案的,应当提供以下材料:

(一)工商或民政部门注册登记证复印件;

(二)组织章程;

(三)有关管理制度;

(四)防治队员名册及资格证书复印件;

(五)主要负责人身份证复印件;

(六)机械设备、服务区域等其他说明材料。

第八条 农业行政主管部门应当将拟扶持的专业化统防统治组织名单在本部门办公场所和部门网站上公示。公示期不少于15日。

对公示期间提出的异议,农业行政主管部门应当及时调查处理,并将处理结果以适当方式反馈异议人。

第九条 农业行政主管部门给予专业化统防统治组织扶持的,应当与接受扶持的专业化统防统治组织签订协议,约定双方的权利义务。

本办法的相关要求(包括取消相关扶持措施、收回扶持资金和设备的情形)应当纳入前款规定的协议中。

第十条 各级农业植物保护机构应当为专业化统防统治组织提供必要的病虫害发生、防治等信息服务,帮助开展技术培训,指导科学防控。

第十一条 发生突发性农作物重大病虫灾害,各级人民政府依法启动应急防治预案时,专业化统防统治组织应当积极配合应急防治行动。

第三章 防治作业要求

第十二条 专业化统防统治组织应当根据当地主要农作物病

虫害发生信息和农业植物保护机构的指导意见，科学制定病虫害防治方案，与服务对象签订协议，并按照协议开展防治服务。

第十三条　专业化统防统治组织应当采用农业、物理、生物、化学等综合措施开展病虫害防治服务，按照农药安全使用的有关规定科学使用农药。

第十四条　专业化统防统治组织实施具有安全隐患的防治作业，应当在相应区域设立警示牌，防止人畜中毒和伤亡事故发生。

第十五条　专业化统防统治组织应当为防治队员配备必要的作业保护用品。防治队员应当做好自身防护。

鼓励专业化统防统治组织为防治队员投保人身意外伤害险。

第十六条　专业化统防统治组织应当安全储藏农药和有关防治用品，妥善处理农药包装废弃物，防止有毒有害物质污染环境。

第十七条　专业化统防统治组织应当建立服务档案，如实记录农药使用品种、用量、时间、区域等信息，与服务协议、防控方案一并归档，并保存两年以上。

第十八条　符合条件的专业化统防统治组织，可以通过当地县级农业植物保护机构申请使用全国统一的统防统治服务标志。

第四章　监督和评估

第十九条　县级以上农业行政主管部门应当对专业化统防统治组织的服务活动进行监督检查，对不按照国家有关农药安全使用的规定使用农药的，应当按照《农药管理条例》有关规定予以处罚。

第二十条　接受国家扶持的专业化统防统治组织有下列行为之一的，由县级以上地方人民政府农业行政主管部门予以批评教育、限期整改；情节严重的，取消相关扶持措施、收回扶持资金和设备；构成违法的，还应当依法追究法律责任：

（一）不按照服务协议履行服务的；

（二）违规使用农药的；

（三）以胁迫、欺骗等不正当手段收取防治费的；

（四）作业人员未采取作业保护措施的；

（五）不接受农业植物保护机构监督指导的；

（六）其他坑害服务对象的行为。

第二十一条 各级农业行政主管部门可以对专业化统防统治组织的服务质量、服务能力等方面进行评估，对服务规范、信誉良好的专业化统防统治组织，应当向社会推荐并重点扶持。

第五章 附 则

第二十二条 本办法自 2011 年 8 月 1 日起施行。

附 录

国家林业局关于贯彻落实《国务院办公厅关于加强林木种苗工作的意见》的通知

林场发〔2013〕44号

各省、自治区、直辖市林业厅（局），内蒙古、吉林、龙江、大兴安岭森工（林业）集团公司，新疆生产建设兵团林业局，国家林业局各司局、各直属单位：

2012年12月26日，国务院办公厅印发了《关于加强林木种苗工作的意见》（国办发〔2012〕58号，以下简称《意见》）。这是党的十八大胜利召开以后，在全面推进生态文明建设的关键时期下发的重要文件，也是新中国成立以来国务院首次就林木种苗行业发展提出指导意见，充分体现了党和国家对林业工作特别是林木种苗工作的高度重视。《意见》的出台对加快我国林木种苗事业发展、建设生态文明具有重大而深远的意义，必将引领我国林木种苗发展进入一个全新的历史阶段。为深入贯彻落实《意见》精神，确保各项任务落到实处，现将有关事项通知如下：

一、认真组织学习，充分认识加强林木种苗工作的重要意义

《意见》深刻阐述了加快林木种苗发展的重要性和紧迫性，指出林木种苗是林业发展的基础，对保障林产品供给、推动生态建

设具有重要作用，明确了林木种苗工作在现代林业建设中具有基础性、战略性地位。

林木种苗是林业生产不可替代的基本生产资料，是最重要的科技载体，是增加林产品产量、提高林产品品质、丰富林产品种类的内在条件，是延长林业产业链条、林产品价值链条的起点。当前，我国林业发展进入了一个新的重要战略机遇期，党的十八大作出了建设生态文明的战略部署，提出了建设美丽中国的宏伟蓝图。发展林业是建设生态文明的首要任务，林木种苗是林业发展的重要基础和前提。保护自然生态系统、实施重大生态修复工程，构建生态安全格局、推进绿色发展、建设美丽中国、应对气候变化必须首先抓好林木种苗。

各地各单位要认真组织学习，深刻领会加强林木种苗工作的重要意义，全面准确把握《意见》的精神实质。牢固树立"林以种为本，种以质为先"的理念，坚持一把手抓种苗，超前抓种苗，下大力气抓种苗。要积极开展宣传，努力形成全社会关心、支持林木种苗工作的良好氛围，努力开创林木种苗事业发展新局面，全面提升生态林业和民生林业发展水平。

二、采取有力措施，圆满完成《意见》确定的各项任务

《意见》明确了今后一个时期我国林木种苗发展的指导思想、基本原则、奋斗目标和八项重点任务，为我国林木种苗发展指明了方向。各地各单位要细化分解各项任务，落实责任分工，明确工作要求，采取有力措施，确保《意见》所提出的各项任务圆满完成，取得实效。

要抓紧制定林木种质资源调查收集与保存利用规划。安排专项资金开展林木种质资源调查。加快林木种质资源保存库建设。

要抓紧组织制定主要造林树种、珍稀濒危树种的长期育种计

划,将主要造林树种良种选育纳入各级各类科技计划,并根据生产需要和林木育种特点,设计和安排科研课题,长期进行研究。坚持常规育种与现代生物技术相结合,开展多方向、多目标的林木良种选育研究,尽快培育一批高产、质优、高抗的新品种。鼓励以主要造林树种为重点,建立技术协作组织,联合申报科研项目,组织联合攻关。鼓励引导林业专业合作组织承担林木良种培育工作。

要加强林木种苗事业人才培养。加强高等院校和科研机构种苗相关学科、重点实验室、工程技术研究中心、产业技术创新战略联盟以及实习基地建设,建立教学、科研、实践相结合的有效机制。充分利用高等院校和科研机构的教学资源,加大林木种苗从业人员继续教育和培训力度,提升林木种苗人才培养质量,为我国林木种苗发展提供人才和科技支撑。

要以省为单位,选择一些基础条件好、技术力量强的苗圃建设为保障性苗圃,实行订单育苗,重点培育林木良种苗木、珍贵树种苗木、能源林苗木及生态林苗木。其他苗木的培育,要以市场为导向,实行市场调节和政府宏观指导相结合,努力形成多种所有制共同发展的苗木生产供应体系。

要加强林木良种使用推广。完善林木良种推广使用管理办法。国家投资和国有林业单位的造林项目应当使用林木良种,将林木良种使用率纳入造林实绩检查体系,并注意做好种苗生产与造林计划的衔接。

要加强林木种苗立法和质量监管。尚未出台《种子法》配套法律法规的省(区、市)要抓紧制定。要认真落实种苗生产单位自检制度,对使用未自检种苗的造林单位不予检查验收。要进一步建立和完善各级种苗质量监督抽查制度。在种子采收和造林季节，各级林业主管部门要组织检查组，对种苗质量进行监督抽查，并对检查结果进行通报，对质量不合格单位依法进行查处，对抽查不合格单位所在省核减投资计划。

要加强种苗信息服务。定期发布林木种苗生产信息。加快种苗网站建设。开展多形式、多渠道、多层次种苗信息发布，引导种苗生产有序进行，防止种苗市场大起大落。

三、加强组织领导，确保《意见》明确的各项政策措施落实到位

为保障各项任务圆满完成，《意见》明确了四个方面的政策措施和三个方面的保障措施，具有很强的针对性和可操作性。各级林业主管部门要以贯彻落实《意见》为契机，紧紧围绕当地林业发展现状和林木种苗工作实际，研究制定本地区具体实施意见，提请各级人民政府尽快出台落实文件。

各地要高度重视林木种苗管理机构和队伍建设。尚未建立种苗管理机构的地县要尽快建立种苗管理机构，要进一步明确林木种苗机构的行政管理、行政执法和公共服务职能，落实人员编制，明确工作职责。要将种苗管理工作经费纳入同级财政预算并予以保证。加强人员培训，提高人员素质，进一步提高种苗管理水平和服务水平，为推动种苗工作奠定坚实基础。

要强化政策落实。各级林业主管部门要积极主动加强与发展改革、财政、科技、工商、税务、金融等部门的沟通协调，积极争取更大的支持，确保各项扶持政策和保障措施落实到位。各省（区、市）都要建立林木良种补贴制度，尚未建立省级林木良种补贴制度的省（区、市）要尽快建立省级林木良种补贴制度。要尽快建立林木种子贮备制度，安排种子贮备资金。要增加种苗工程基本建设投入，加强种苗生产供应基础设施建设。国家造林补贴

要优先安排使用良种苗木的造林主体。要将符合贴息条件的林木种苗项目纳入贴息贷款补贴范围，将林木种苗生产纳入国家政策性保险范围，允许以林木种苗抵押进行融资。

各地各单位要将学习贯彻落实《意见》作为当前林业的重要工作抓紧抓实。要加强《意见》实施的跟踪指导，不断发现新情况、新问题，积极探索新措施、新办法。国家林业局成立推进林木种苗发展工作协调组，研究解决推进林木种苗发展中的重大问题，组织拟定重大政策。2013年年底国家林业局将派出督导组赴各地对贯彻落实《意见》进行督促检查。

国家林业局
2013 年 3 月 29 日

国家林业局关于加强林木种苗质量管理的意见

林场发〔2014〕81号

各省、自治区、直辖市林业厅（局），内蒙古、吉林、龙江、大兴安岭森工（林业）集团公司，新疆生产建设兵团林业局：

为深入贯彻落实《中华人民共和国种子法》、《国务院办公厅关于加强林木种苗工作的意见》、《国务院办公厅关于深化种业体制改革提高创新能力的意见》精神，加强林木种苗生产、流通和使用环节的质量监督管理，提高林木种苗质量水平，保障生态文明建设和林业发展用种安全，现就加强林木种苗质量管理提出如下意见。

一、充分认识加强林木种苗质量管理的必要性

1. 林木种苗质量的地位和作用。林木种苗是生态建设和林业发展的重要基础，其质量的好坏直接影响造林成效和森林质量。提高林木种苗质量，不但能提高单位面积林地的生产力，还能保证造林质量，有效增进森林健康，增强林木抵抗自然灾害的能力。各级林业主管部门要树立"林以种为本、种以质为先"的质量管理理念，充分认识林木种苗质量在造林绿化中的重要地位和作用，加强林木种苗质量监管，大力推广优良苗木造林，进一步提高造林质量和成效。

2. 林木种苗质量管理面临的形势。加快生态文明建设，推进绿色发展，建设美丽中国，离不开林木种苗的快速发展。随着我国造林绿化进程的推进，造林已进入攻坚克难阶段，迫切需要结构合理、品种多样、抗逆性强的良种壮苗，城乡绿化、经济林发展、工业原料林建设迫切需要经济价值高、生态效益好、适应性

强的林木种苗，林木种苗生产供应由数量保障型向质量效益型转变已成为必然，加强林木种苗质量管理已成为建设生态林业、民生林业的必然要求。

3. 林木种苗质量管理亟待解决的问题。随着林木种苗市场化程度进一步提高，林木种苗质量管理难度进一步加大，林木种苗法律、法规、标准尚需完善，林木种苗生产经营许可、档案、质量检验、标签等制度没有完全落实到位。林木种苗市场以假充真、以次充好、未审先推等现象时有发生。基层林木种苗质量管理机构不健全，缺乏必要的设施设备，种苗管理和检验人员培训力度不够等，这些问题严重制约了林木种苗质量管理工作，直接影响到林业的持续健康发展，迫切需要加以解决。

二、进一步落实林木种苗质量管理制度

4. 进一步落实林木种苗生产经营许可制度。定期对从事林木种苗生产经营活动的单位和个人进行清查，依法取缔无证生产经营。鼓励育苗户组成合作社联合体申办许可证。严格林木种苗生产经营许可证发放程序，对申办要求、办理程序和办理结果进行公示。加强许可事后监管，引导企业合法经营，建立生产经营者诚信档案，逐步形成诚信规范的林木种苗市场。

5. 进一步落实林木种苗标签制度。销售的林木种苗要附有标签。严格执行林木种苗标签管理有关规定和标准，统一林木种苗标签颜色、规格、式样、材质。指导林木种苗生产经营者正确填写和使用标签，标签标注的内容要与实际相符，每个独立包装挂附一个标签，不能包装的苗木每个销售单元附有一个标签。

6. 进一步落实林木种苗生产经营档案制度。督促林木种苗生产经营者建立生产经营档案，配备必要的管理设备，实行专人负责，集中统一管理。档案内容要连续、完整、真实，如实记载种子来源、生产经营过程、检验结果、包装、运输、销售去向等。籽粒、果实等有性繁殖材料的档案要长期保存，苗木档案至少保存5年。

7. 进一步规范林木种苗广告管理。加强与工商行政管理部门协调配合，严格执行林木种苗广告管理的有关规定，引导广告经营者、发布者依法发布林木种苗广告，对各类新闻媒体发布的林木种苗广告进行跟踪检查。省级林业行政主管部门或其所属的林木种苗管理机构在出具林木种苗广告专业技术证明时，要认真审核广告中的专业技术内容，必要时进行现场核验。

三、切实加强林木种苗质量监督管理工作

8. 加强林木种苗生产过程质量管理。严格执行林木种苗生产技术标准，加强林木种苗生产各环节技术指导。强化林木种子源头管理，确定并向社会公告采种林，公布采种期，禁止抢采掠青，禁止在种子生产基地内，从事有害生物接种实验。督促林木种苗生产经营者对所生产经营的林木种苗实行自检或者委托检验，出具林木种苗质量检验证书，并对林木种苗质量负责。

9. 加强林木种苗质量监督抽查工作。每年要组织国家级和省级林木种苗质量监督抽查工作，抽查项目要从单纯的质量指标检测向兼顾遗传品质检测延伸，抽查结果判定要从单纯的定量指标评定向定量指标和定性指标综合判定延伸，抽查环节要从苗圃地向造林地延伸。通报抽查结果，对在林木种苗质量管理中措施得力、质量优良的单位予以表扬；对质量不合格的单位要通报批评，责令整改，并跟踪检查。对整改不到位单位所在县，省级林业主管部门要对其进行项目投资调控。

10. 加强林木种苗使用环节管理。国家投资或者国家投资为主的造林项目和国有林业单位造林，要根据林业主管部门制定的造林计划使用林木良种。造林规划、作业设计要明确树种（品种）、质量要求，要使用有生产经营许可证、标签、质量检验证书、植物检疫证书的林木种苗。造林验收要将林木种苗质量和林木良种使用情况作为重要内容，使用质量不合格种苗或未按要求使用林木良种的，不予验收。造林单位要建立造林使用林木种苗档案，实行林木种苗质量可追溯制度。

11. 加大对各类林木种苗质量案件的查处力度。创新工作机制，加强与工商、公安等部门联合执法，形成执法合力。严厉打击生产经营假劣林木种苗、未审先推、抢采掠青、无证无签、伪造证书、虚假广告等违法行为。建立林木种苗质量社会监督机制，公布监督举报电话，及时对举报的林木种苗案件进行查处。建立林木种苗质量案件上报跟踪制度，每月逐级向国家林业局报告案件查处情况，及时、准确公开行政处罚案件信息，对不如实报告或查处不力的给予通报批评。

四、强化林木种苗质量管理能力建设

12. 加强林木种苗质量管理机构建设。要建立国家、省、地（市）、县四级林木种苗质量监督管理体系，加强人员配置，加大投入，改善基础设施和设备条件，建立和完善各项质量监督管理制度。定期开展林木种苗质量管理人员培训考核，普及林木种苗法律、法规、技术标准及各相关专业知识，提高林木种苗质量管理能力。

13. 加强林木种苗标准体系建设。各级林业主管部门要制定和完善品种选育、种苗生产、检验检疫、评价等林木种苗技术标准，鼓励企业制定其内部质量管理制度和技术标准，不断完善林木种苗标准化体系建设，为林木种苗质量管理工作提供技术支持。

国家林业局
2014年6月4日

中央财政农作物病虫害防治补助资金管理暂行办法

财政部 农业部印发《中央财政农作物病虫害防治补助资金管理暂行办法》的通知

财农〔2006〕287号

各省、自治区、直辖市、计划单列市财政厅(局)、农业(农林、农牧、畜牧)厅(局、委员会),新疆生产建设兵团财务局、农业局、畜牧局:

中央财政根据农作物病虫害发生情况,安排病虫害防治补助资金。为加强资金的管理和监督,提高资金使用效益,按照财政农业专项资金管理的有关规定,特制定《中央财政农作物病虫害防治补助资金管理暂行办法》,现印发给你们,请遵照执行。

二〇〇六年十二月六日

第一条 为加强农作物病虫害防治工作,规范和加强农作物病虫害防治补助资金管理,提高资金使用效益,根据财政农业专项资金管理有关规定,制定本暂行办法。

第二条 本暂行办法所指农作物病虫害防治补助资金是中央财政根据当年农作物病虫害发生程度安排用于病虫害防治的专项资金。

第三条 本暂行办法所称农作物病虫害是指农区和牧区发生

的蝗虫、小麦条锈病、水稻病虫害等传染性强、对农牧业生产造成严重损失的重大病虫害。

第四条 财政部、农业部根据职责分工，加强协调，密切配合。

财政部根据当年灾害发生趋势和实际发生情况，落实病虫害防治补助资金预算，审核并及时拨付资金，监督检查资金使用和管理情况。

农业部负责组织预测当年灾害发生趋势，核实汇总各地灾害发生情况，编报农作物病虫害防治规划，组织实施各项防治措施，并对防治工作进行指导和督促检查。

第五条 各地要积极探索社会化防治的有效形式，扶持和促进各种类型专业防治组织发展壮大，开展统防统治。

第六条 病虫害防治补助资金用于防治所需农药、机动喷雾（烟）机、燃油、雇工和劳动保护用品支出的补助。

第七条 省级财政部门、农业（畜牧）部门根据农作物病虫害监测（预报）结果、防治任务和受灾程度，联合向财政部、农业部申请当年农作物病虫害防治补助资金。申请报告内容包括：上年农作物病虫害防治情况以及资金使用和管理情况，当年农作物病虫害发生及危害趋势、计划防治措施，地方防治资金筹措情况、申请中央财政补助资金数额及用途等。

第八条 地方各级财政部门要根据当地农作物病虫害监测情况、防治任务和受灾程度，安排专项资金支持病虫害监测和防治工作。

第九条 农业部根据农作物病虫害监测预报结果和各地病虫害实际发生情况，审核各省（区、市）申请报告，提出当年中央财政补助资金分配建议报送财政部。财政部审核后，将资金拨付到省级财政部门。

第十条 省级农业（畜牧）部门、财政部门按照中央财政补助资金规模，制定实施方案。实施方案内容包括：农作物病虫害发生及危害情况，防治工作开展情况，地方资金落实情况和中央财政补助资金分配使用方案等。

第十一条 农作物病虫害防治所需农药、设备，除用于紧急救灾外，应由省级农业（畜牧）部门、财政部门统一实行政府采购。

第十二条 管理和使用病虫害防治补助资金的部门和单位应设立中央财政农作物病虫害防治补助资金明细账，切实加强病虫害防治补助资金的监督管理，积极会同审计、监察等部门检查补助资金的安排使用情况。

第十三条 对骗取、截留、挤占、滞留、挪用补助资金的行为，依照《财政违法行为处罚处分条例》（国务院令第427号）及其他法律法规追究有关单位及其责任人的法律责任。

第十四条 新疆生产建设兵团财务、农业（畜牧）部门向财政部、农业部申请病虫害防治补助经费，资金由财政部直接下拨。中央直属垦区向农业部申请，资金由财政部拨付农业部后，再由农业部下拨到垦区。

第十五条 本暂行办法自下发之日起执行。

林木种苗质量监督抽查暂行规定

（2002年9月27日国家林业局国有林场和林木种苗工作管理总站发布）

第一条 为了提高林木种苗质量，禁止生产经营假冒伪劣林木种苗，维护国家、集体和个人利益，根据《中华人民共和国种子法》（以下简称《种子法》）第四十三条、第四十四条的规定，制定本暂行规定。

第二条 林木种苗质量实行国家级和省、自治区、直辖市（以下简称省级）两级监督抽查（以下简称抽查）制度。国家级抽查由国家林业局南方林木种子检验中心和北方林木种子检验中心进行。省级抽查由省级林业行政主管部门委托省级林木种苗质量监督检验机构进行。

国家级抽查后，应当通报抽查地省级林业行政主管部门；对已经实行国家级抽查的单位和个人，省级林业行政主管部门在同一年度不得另行抽查。

第三条 抽查依据林木种苗的国家标准、行业标准或地方标准。

第四条 抽查对象为全国生产、经营、使用林木种苗的单位和个人。

国家级和省级抽查每年度1次。

第五条 委托抽检单位应提前下达任务，承检单位制定林木种苗抽查方案，报经下达任务单位批准后方可抽检。

抽查方案包括：林木种苗学名、检测和判定依据、主要检测项目、承检单位名称、被抽查单位和个人名单、抽检经费的预算等。

第六条 承检单位应当持《林木种苗质量监督抽查通知书》（见附件1）进行抽查。不得预先通知被抽查的单位和个人。

第七条 被抽查单位和个人应当无偿提供所抽的林木种苗。

承检单位所抽的林木种苗应当以满足检验的需要数量为准，不得要求被抽查单位和个人超数量提供林木种苗；承检单位对抽取的林木种子样品在检验之前负有妥善保管的义务。

第八条 承检单位在检验结束后1个月内，应将《林木种苗质量监督抽查结果通知书》（见附件2）分别反馈被抽查单位或个人，并抄送下达任务单位。

第九条 国家级抽查由国家林业局发布抽查通报。省级抽查由省级林业行政主管部门发布抽查通报。

第十条 被抽查的单位和个人对抽查结果有异议的，应当在接到《林木种苗质量监督抽查结果通知书》之日起15日内，向承检单位提出书面意见，逾期未提出异议的，视为承认抽查结果。

第十一条 承检单位收到被抽查单位和个人的书面意见后，应当在10日内作出书面答复，并抄报下达任务单位，必要时可复检1次。

复检适用本规定的程序。

第十二条 抽查表格及结果要使用规范化的格式。抽查表格见附件3、4、5、6、7、8和《林木种子检验规程》（GB2772-1999）的附录C、D。

第十三条 承检单位及其工作人员对抽样和检验应当有详细记录，检验数据和判定结果应当准确无误，严禁弄虚作假。违反本规定的，按《种子法》第六十八条规定给予处罚。

第十四条 任何单位和个人不得拒绝抽查。对拒绝抽查的，种苗质量按不合格论处,并予通报。

第十五条 抽查所需经费由下达任务的林业行政主管部门拨付。

第十六条 本规定自发布之日起施行。

附件1:林木种苗质量监督抽查通知书(略)
附件2:林木种苗质量监督抽查结果通知书》(略)

林木种苗质量检验机构考核办法

林场发〔2003〕131号

第一章 总 则

第一条 为了加强林木种苗质量检验机构管理,规范林木种苗质量检验工作,根据《中华人民共和国种子法》第四十三条、第四十四条的规定,制定本办法。

第二条 在中华人民共和国境内依法设置的林木种苗质量检验机构资质的考核,适用本办法。

第三条 林木种苗质量检验机构的考核工作,应当遵循公平、公正原则,依据《种子法》和《林木种苗质量监督检验机构建设规定》的规定进行。

第二章 组织管理

第四条 林木种苗质量检验机构的考核工作实行两级考核制度。

国务院林业行政主管部门负责组织国家级林木种苗质量检验机构考核工作,颁发资质证书。

省级林业行政主管部门负责组织实施本辖区内林木种苗质量检验机构考核工作,颁发资质证书。

第三章 考核程序

第五条 国家级林木种苗质量检验机构,应当向国务院林业行政主管部门提出考核申请;省、地(市)和县级林木种苗质量检验机构,应当向省级林业行政主管部门提出考核申请。

第六条 申请考核的林木种苗质量检验机构应当提交以下材料:

(一)林木种苗质量检验机构考核申请报告;

(二)计量认证资格证明复印件;

(三)林木种苗质量检验人员的检验员证复印件、技术负责人学历证书和职称证书复印件、仪器设备一览表;

(四)工作制度。包括质量管理手册、各级人员岗位责任制度、检测事故分析报告制度、技术文件的管理和保密制度、检测工作质量申诉的收集和处理制度以及其它工作制度等。

质量管理手册内容包括:检验机构基本情况、质量方针和质量目标、对客户承诺、确定的质量管理体系、检验机构组织机构的描述、技术主管和质量主管的职责等项内容。

第七条 省级以上林业行政主管部门应当自收到林木种苗质量检验机构提交的申请材料之日起15个工作日内,对提交的材料进行形式审查,符合规定的,通知林木种苗质量检验机构在40个工作日内进行正式考核。对不符合规定的,应当书面通知林木种苗质量检验机构,并说明理由,或者要求修改补充有关材料。

第八条 省级以上林业行政主管部门应当成立林木种苗质量检验机构考核组,考核组成员不少于5人,考核组成员应当具备以下条件:

(一)熟悉相关的法律法规,从事3年以上质量管理或种子检验管理工作;

(二)具有中级职称以上任职资格,其中高级职称不少于2人;

(三)经省级以上林业行政主管部门培训考核合格。

第九条 林木种苗质量检验机构考核内容：

（一）具有计量认证资格证明；

（二）具有能独立承担法律责任的能力；

（三）具有《林木种苗质量监督检验机构建设规定》规定的人员条件、基础设施、检测能力及仪器设备、工作制度。

第十条 考核组对林木种苗质量检验机构进行综合评定，按照考核内容进行评分，75分以上（含75分）为合格，并形成考核报告，报送组织考核的林业行政主管部门。

第十一条 考核报告应当客观、明了、准确、具体，在考核结束后20日内完成。考核报告的内容包括机构概况、考核结果汇总、考核结论、整改要求、考核日期和考核组成员签名。

第十二条 组织考核的林业行政主管部门审查考核组送交的考核报告，符合要求的，将考核结果予以公告，公告15日内无疑义的，颁发林木种苗质量检验机构资质证书。

第十三条 经考核合格的省级以下（含省级）林木种苗质量检验机构的考核情况由省级林业行政主管部门报国家林业局备案。

第四章 监督管理

第十四条 考核合格的林木种苗质量检验机构资质证书有效期5年。期满前2个月，林木种苗质量检验机构应当向林业行政主管部门提出复查申请，复查合格的换发证书，到期不申请或复查不合格的，撤消其林木种苗质量检验机构资格，收回证书，并予以公告。

第十五条 考核组成员在考核过程中营私舞弊、弄虚作假，情节严重的，由其所在单位给予行政处分。

第十六条 经考核不合格的，林木种苗质量检验机构应当通过整改后,重新提出考核申请,提出申请同时应将整改计划,采取的措施及效果一并报林业行政主管部门。凡连续两次考核不合格的,撤消其检验机构资格。

第十七条 国务院林业行政主管部门可以组织对考核合格的省级以下(含省级)的林木种苗质量检验机构进行复查,凡复查不合格的,有权责令收回证书,建议有关部门追究原考核组的行政责任,并予以公告。

第十八条 林木种苗质量检验机构出具虚假检验证明、伪造有关文件或者出具错误数据造成严重影响的,按《种子法》第六十八条规定处理。

第十九条 林木种苗质量检验机构从事扦样、检验等活动的工作人员弄虚作假、徇私舞弊、滥用职权、玩忽职守的,按《种子法》第七十一条规定处理。

第二十条 林木种苗质量检验机构资质证书由国家林业局统一印制。

第二十一条 本办法自发布之日起施行。

林木种苗行政执法体系建设框架

国家林业局关于印发
《林木种苗行政执法体系建设框架》的通知
林场发〔2007〕245号

各省、自治区、直辖市林业厅（局），内蒙古、吉林、龙江、大兴安岭森工（林业）集团公司，新疆生产建设兵团林业局：

　　为进一步贯彻《种子法》，推动各地林木种苗行政执法工作的深入开展，我局制定了《林木种苗执法体系建设框架》，现印发给你们，请遵照执行。

国家林业局
二〇〇七年十一月二十二日

　　林木种苗行政执法体系建设指导思想：以科学发展观为指导，以维护国家权益、保护群众利益为宗旨，以建设现代林业为核心，坚持依法行政，强化社会管理和公共服务职能，创建诚信市场，构建公平公正和谐的林木种苗发展环境。

　　一、建立健全规范的管理制度

　　（一）质量管理制度

　　加强林木种苗生产、加工、包装、贮藏、检验等全过程质量管理。林木种苗质量监督关口前移，由林木种苗形态指标向遗传品质延伸，强化种源管理。进一步完善林木种苗质量年度监督检查制度。

同时，鼓励企业参与质量认证，建立林木种苗质量检验制度。

（二）行政许可制度

公示许可事项、公开许可程序、公布许可结果，提高办事效率，做到事前严格审核把关，事中跟踪服务，事后监管检查，发挥公共服务职能作用。

（三）专项检查制度

针对林木种苗法制建设情况、机构建设情况、质量监督情况、市场监管情况、发展林木种苗扶持政策落实情况等，有目的、有重点地开展专项执法检查。

（四）办案制度

建立和完善举报制度、案件受理制度、调查取证制度、听证制度、移送和上报备案制度、案卷归档制度等。

（五）奖惩制度

按照有法必依、执法必严、违法必究的原则，对在林木种苗行政执法工作中成效显著有突出贡献的执法单位和执法人员予以奖励，对滥用职权、玩忽职守、徇私舞弊等渎职行为予以惩罚；

依照有关规定，对严格遵守法律法规规定，经济效益显著，带动林农群众致富，促进地方经济发展的单位和个人予以奖励。

（六）宣传制度

围绕服务大局、服务林业和林木种苗中心工作，建立林木种苗法制宣传的长效机制。宣传教育制度化、季度化、节日化。通过组织宣传培训活动，提高全社会的法律意识。做好林木种苗系统在职干部、林木种苗执法人员等重点对象的法制宣传教育，提高依法决策、依法行政水平；加强对林木种苗生产、经营者的法律知识培训教育，提高其守法经营意识。

二、加强林木种苗执法机构和队伍建设

（七）依法推动各级林木种苗管理机构与生产、经营机构在人员、财务上剥离,实现角色转换,把林木种苗管理机构的工作重心转移到依法行政上来。

(八)切实保证林木种苗行政执法管理的工作经费,争取各项工作经费全额纳入同级财政预算。

(九)加强基础设施建设,不断改善林木种苗管理和执法条件。具备相应面积的办公场所,配备交通、通讯工具、案件采集等设施设备。

(十)按照稳定队伍、转变作风、搞好服务的原则,强化林木种苗行政执法人员培训,配备法律专业人员,建立一支政治好、素质高、能力强、作风硬的林木种苗执法队伍。

(十一)建立健全林木种苗行政执法评议考核机制,对行使林木种苗行政执法职权和履行法定义务的林木种苗执法机构和执法人员进行评议考核,做到日常评议考核与年度评议考核的衔接。依据考核结果,对有违法或不当行政执法行为的林木种苗执法机构,可以依据造成后果的严重程度等具体情况,给予限期整改、通报批评、取消评比先进的资格等处理。对有关林木种苗行政执法人员,可以根据年度考核情况,或者根据过错形式、危害大小、情节轻重,给予批评教育、离岗培训、调离执法岗位、取消执法资格等处理。

三、加大林木种苗行政执法力度

(十二)进一步规范林木种苗生产经营秩序,严格林木种苗市场准入,依法打击生产经营假劣林木种苗、未审先推、破坏种质资源、抢采掠青、无证、无签、乱引、乱繁、乱采林木种子等违法行为,强化林木种苗购销环节管理,严查不正当竞争行为,坚决取缔无证和依法查处超范围生产经营行为,加强林木种苗质量监督,创造公平、公正的市场环境。

(十三)联合公安、海关、工商、质检等部门,形成执法合力,严厉打击林木种苗违法行为。

全国普法学习读本
★ ★ ★ ★ ★

种子作物法律法规学习读本
种子综合法律法规

■ 曾朝 主编

加大全民普法力度，建设社会主义法治文化，树立宪法法律至上、法律面前人人平等的法治理念。

——中国共产党第十九次全国代表大会《决胜全面建成小康社会 夺取新时代中国特色社会主义伟大胜利》

汕头大学出版社

图书在版编目（CIP）数据

种子综合法律法规／曾朝主编．－－汕头：汕头大学出版社（2021.7重印）

（种子作物法律法规学习读本）

ISBN 978-7-5658-3519-3

Ⅰ.①种… Ⅱ.①曾… Ⅲ.①种子-农业法-中国-学习参考资料 Ⅳ.①D922.44

中国版本图书馆 CIP 数据核字（2018）第 037630 号

种子综合法律法规　　ZHONGZI ZONGHE FALÜ FAGUI

主　　编：	曾　朝
责任编辑：	邹　峰
责任技编：	黄东生
封面设计：	大华文苑
出版发行：	汕头大学出版社
	广东省汕头市大学路 243 号汕头大学校园内　邮政编码：515063
电　　话：	0754-82904613
印　　刷：	三河市南阳印刷有限公司
开　　本：	690mm×960mm 1/16
印　　张：	18
字　　数：	226 千字
版　　次：	2018 年 5 月第 1 版
印　　次：	2021 年 7 月第 2 次印刷
定　　价：	59.60 元（全 2 册）

ISBN 978-7-5658-3519-3

版权所有，翻版必究

如发现印装质量问题，请与承印厂联系退换

前 言

习近平总书记指出:"推进全民守法,必须着力增强全民法治观念。要坚持把全民普法和守法作为依法治国的长期基础性工作,采取有力措施加强法制宣传教育。要坚持法治教育从娃娃抓起,把法治教育纳入国民教育体系和精神文明创建内容,由易到难、循序渐进不断增强青少年的规则意识。要健全公民和组织守法信用记录,完善守法诚信褒奖机制和违法失信行为惩戒机制,形成守法光荣、违法可耻的社会氛围,使遵法守法成为全体人民共同追求和自觉行动。"

中共中央、国务院曾经转发了中央宣传部、司法部关于在公民中开展法治宣传教育的规划,并发出通知,要求各地区各部门结合实际认真贯彻执行。通知指出,全民普法和守法是依法治国的长期基础性工作。深入开展法治宣传教育,是全面建成小康社会和新农村的重要保障。

普法规划指出:各地区各部门要根据实际需要,从不同群体的特点出发,因地制宜开展有特色的法治宣传教育坚持集中法治宣传教育与经常性法治宣传教育相结合,深化法律进机关、进乡村、进社区、进学校、进企业、进单位的"法律六进"主题活动,完善工作标准,建立长效机制。

特别是农业、农村和农民问题,始终是关系党和人民事业发展的全局性和根本性问题。党中央、国务院发布的《关于推进社会主义新农村建设的若干意见》中明确提出要"加强农村法制建设,深入开展农村普法教育,增强农民的法制观念,提高农民依法行使权利和履行义务的自觉性。"多年普法实践证明,普及法律知识,提高法制观念，增强全社会依法办事意识具有重要作用。特别是在广大农村进行普法教育，是提高全民法律素质的需要。

多年来，我国在农村实行的改革开放取得了极大成功，农村发生了翻天覆地的变化，广大农民生活水平大大得到了提高。但是，由于历史和社会等原因，现阶段我国一些地区农民文化素质还不高，不学法、不懂法、不守法现象虽然较原来有所改变，但仍有相当一部分群众的法制观念仍很淡化，不懂、不愿借助法律来保护自身权益，这就极易受到不法的侵害，或极易进行违法犯罪活动，严重阻碍了全面建成小康社会和新农村步伐。

为此，根据党和政府的指示精神以及普法规划，特别是根据广大农村农民的现状，在有关部门和专家的指导下，特别编辑了这套《全国普法学习读本》。主要包括了广大人民群众应知应懂、实际实用的法律法规。为了辅导学习，附录还收入了相应法律法规的条例准则、实施细则、解读解答、案例分析等；同时为了突出法律法规的实际实用特点，兼顾地方性和特殊性，附录还收入了部分某些地方性法律法规以及非法律法规的政策文件、管理制度、应用表格等内容，拓展了本书的知识范围，使法律法规更"接地气"，便于读者学习掌握和实际应用。

在众多法律法规中，我们通过甄别，淘汰了废止的，精选了最新的、权威的和全面的。但有部分法律法规有些条款不适应当下情况了，却没有颁布新的，我们又不能擅自改动，只得保留原有条款，但附录却有相应的补充修改意见或通知等。众多法律法规根据不同内容和受众特点，经过归类组合，优化配套。整套普法读本非常全面系统，具有很强的学习性、实用性和指导性，非常适合用于广大农村和城乡普法学习教育与实践指导。总之，是全国全民普法的良好读本。

目 录

中华人民共和国种子法

第一章　总　则 ………………………………………… (2)
第二章　种质资源保护 …………………………………… (3)
第三章　品种选育、审定与登记 ………………………… (4)
第四章　新品种保护 ……………………………………… (7)
第五章　种子生产经营 …………………………………… (9)
第六章　种子监督管理 …………………………………… (12)
第七章　种子进出口和对外合作 ………………………… (14)
第八章　扶持措施 ………………………………………… (15)
第九章　法律责任 ………………………………………… (16)
第十章　附　则 …………………………………………… (22)
附　录
　　农作物种质资源管理办法 …………………………… (25)
　　草种管理办法 ………………………………………… (33)
　　草品种审定管理规定 ………………………………… (44)
　　农作物种子生产经营许可管理办法 ………………… (48)
　　林木种子生产经营许可证管理办法 ………………… (63)
　　国家林业局林木种子生产经营许可随机抽查工作细则 …… (71)
　　林木种子质量管理办法 ……………………………… (76)
　　农作物种子质量监督抽查管理办法 ………………… (80)
　　农作物种子质量纠纷田间现场鉴定办法 …………… (89)

国家级水稻玉米品种审定绿色通道试验指南（试行）……（94）
农作物种子质量检验机构考核管理办法……………（100）
农作物商品种子加工包装规定………………………（107）
林木种子包装和标签管理办法………………………（108）
农作物种子标签和使用说明管理办法………………（114）
农作物种子标签通则…………………………………（121）
农作物种子标签二维码编码规则……………………（137）

中华人民共和国种子法

中华人民共和国主席令

第三十五号

《中华人民共和国种子法》已由中华人民共和国第十二届全国人民代表大会常务委员会第十七次会议于2015年11月4日修订通过，现将修订后的《中华人民共和国种子法》公布，自2016年1月1日起施行。

中华人民共和国主席　习近平
2015年11月4日

（2000年7月8日第九届全国人民代表大会常务委员会第十六次会议通过；根据2004年8月28日第十届全国人民代表大会常务委员会第十一次会议《关于修改〈中华人民共和国种子法〉的决定》第一次修正；根据2013年6月29日第十二届全国人民代表大会常务委员会第三次会议《关于修改〈中华人民共和国文物保护法〉等十二部法律的决定》第二次修正；2015年11月4日第十二届全国人民代表大会常务委员会第十七次会议修订）

第一章 总 则

第一条 为了保护和合理利用种质资源，规范品种选育、种子生产经营和管理行为，保护植物新品种权，维护种子生产经营者、使用者的合法权益，提高种子质量，推动种子产业化，发展现代种业，保障国家粮食安全，促进农业和林业的发展，制定本法。

第二条 在中华人民共和国境内从事品种选育、种子生产经营和管理等活动，适用本法。

本法所称种子，是指农作物和林木的种植材料或者繁殖材料，包括籽粒、果实、根、茎、苗、芽、叶、花等。

第三条 国务院农业、林业主管部门分别主管全国农作物种子和林木种子工作；县级以上地方人民政府农业、林业主管部门分别主管本行政区域内农作物种子和林木种子工作。

各级人民政府及其有关部门应当采取措施，加强种子执法和监督，依法惩处侵害农民权益的种子违法行为。

第四条 国家扶持种质资源保护工作和选育、生产、更新、推广使用良种，鼓励品种选育和种子生产经营相结合，奖励在种质资源保护工作和良种选育、推广等工作中成绩显著的单位和个人。

第五条 省级以上人民政府应当根据科教兴农方针和农业、林业发展的需要制定种业发展规划并组织实施。

第六条 省级以上人民政府建立种子储备制度，主要用于发生灾害时的生产需要及余缺调剂，保障农业和林业生产安全。对储备的种子应当定期检验和更新。种子储备的具体办法由国务院规定。

第七条 转基因植物品种的选育、试验、审定和推广应当进行安全性评价，并采取严格的安全控制措施。国务院农业、林业主管部门应当加强跟踪监管并及时公告有关转基因植物品种审定和推广的信息。具体办法由国务院规定。

第二章 种质资源保护

第八条 国家依法保护种质资源，任何单位和个人不得侵占和破坏种质资源。

禁止采集或者采伐国家重点保护的天然种质资源。因科研等特殊情况需要采集或者采伐的，应当经国务院或者省、自治区、直辖市人民政府的农业、林业主管部门批准。

第九条 国家有计划地普查、收集、整理、鉴定、登记、保存、交流和利用种质资源，定期公布可供利用的种质资源目录。具体办法由国务院农业、林业主管部门规定。

第十条 国务院农业、林业主管部门应当建立种质资源库、种质资源保护区或者种质资源保护地。省、自治区、直辖市人民政府农业、林业主管部门可以根据需要建立种质资源库、种质资源保护区、种质资源保护地。种质资源库、种质资源保护区、种质资源保护地的种质资源属公共资源，依法开放利用。

占用种质资源库、种质资源保护区或者种质资源保护地的，需经原设立机关同意。

第十一条 国家对种质资源享有主权，任何单位和个人向境外提供种质资源，或者与境外机构、个人开展合作研究利用种质资源的，应当向省、自治区、直辖市人民政府农业、林业主管部门提出申请，并提交国家共享惠益的方案；受理申请的农业、林业主管部门经审核，报国务院农业、林业主管部门批准。

从境外引进种质资源的，依照国务院农业、林业主管部门的有关规定办理。

第三章　品种选育、审定与登记

第十二条　国家支持科研院所及高等院校重点开展育种的基础性、前沿性和应用技术研究，以及常规作物、主要造林树种育种和无性繁殖材料选育等公益性研究。

国家鼓励种子企业充分利用公益性研究成果，培育具有自主知识产权的优良品种；鼓励种子企业与科研院所及高等院校构建技术研发平台，建立以市场为导向、资本为纽带、利益共享、风险共担的产学研相结合的种业技术创新体系。

国家加强种业科技创新能力建设，促进种业科技成果转化，维护种业科技人员的合法权益。

第十三条　由财政资金支持形成的育种发明专利权和植物新品种权，除涉及国家安全、国家利益和重大社会公共利益的外，授权项目承担者依法取得。

由财政资金支持为主形成的育种成果的转让、许可等应当依法公开进行，禁止私自交易。

第十四条　单位和个人因林业主管部门为选育林木良种建立测定林、试验林、优树收集区、基因库等而减少经济收入的，批准建立的林业主管部门应当按照国家有关规定给予经济补偿。

第十五条　国家对主要农作物和主要林木实行品种审定制度。主要农作物品种和主要林木品种在推广前应当通过国家级或者省级审定。由省、自治区、直辖市人民政府林业主管部门确定的主要林木品种实行省级审定。

申请审定的品种应当符合特异性、一致性、稳定性要求。

主要农作物品种和主要林木品种的审定办法由国务院农业、林业主管部门规定。审定办法应当体现公正、公开、科学、效率的原则，有利于产量、品质、抗性等的提高与协调，有利于适应市场和生活消费需要的品种的推广。在制定、修改审定办法时，应当充分听取育种者、种子使用者、生产经营者和相关行业代表意见。

第十六条 国务院和省、自治区、直辖市人民政府的农业、林业主管部门分别设立由专业人员组成的农作物品种和林木品种审定委员会。品种审定委员会承担主要农作物品种和主要林木品种的审定工作，建立包括申请文件、品种审定试验数据、种子样品、审定意见和审定结论等内容的审定档案，保证可追溯。在审定通过的品种依法公布的相关信息中应当包括审定意见情况，接受监督。

品种审定实行回避制度。品种审定委员会委员、工作人员及相关测试、试验人员应当忠于职守，公正廉洁。对单位和个人举报或者监督检查发现的上述人员的违法行为，省级以上人民政府农业、林业主管部门和有关机关应当及时依法处理。

第十七条 实行选育生产经营相结合，符合国务院农业、林业主管部门规定条件的种子企业，对其自主研发的主要农作物品种、主要林木品种可以按照审定办法自行完成试验，达到审定标准的，品种审定委员会应当颁发审定证书。种子企业对试验数据的真实性负责，保证可追溯，接受省级以上人民政府农业、林业主管部门和社会的监督。

第十八条 审定未通过的农作物品种和林木品种，申请人有异议的，可以向原审定委员会或者国家级审定委员会申请复审。

第十九条 通过国家级审定的农作物品种和林木良种由国务院农业、林业主管部门公告，可以在全国适宜的生态区域推广。通过省级审定的农作物品种和林木良种由省、自治区、直辖市人民政府农业、林业主管部门公告，可以在本行政区域内适宜的生态区域推广；其他省、自治区、直辖市属于同一适宜生态区的地域引种农作物品种、林木良种的，引种者应当将引种的品种和区域报所在省、自治区、直辖市人民政府农业、林业主管部门备案。

引种本地区没有自然分布的林木品种，应当按照国家引种标准通过试验。

第二十条 省、自治区、直辖市人民政府农业、林业主管部门应当完善品种选育、审定工作的区域协作机制，促进优良品种的选育和推广。

第二十一条 审定通过的农作物品种和林木良种出现不可克服的严重缺陷等情形不宜继续推广、销售的，经原审定委员会审核确认后，撤销审定，由原公告部门发布公告，停止推广、销售。

第二十二条 国家对部分非主要农作物实行品种登记制度。列入非主要农作物登记目录的品种在推广前应当登记。

实行品种登记的农作物范围应当严格控制，并根据保护生物多样性、保证消费安全和用种安全的原则确定。登记目录由国务院农业主管部门制定和调整。

申请者申请品种登记应当向省、自治区、直辖市人民政府农业主管部门提交申请文件和种子样品，并对其真实性负责，保证可追溯，接受监督检查。申请文件包括品种的种类、名称、来源、特性、育种过程以及特异性、一致性、稳定性测试报告等。

省、自治区、直辖市人民政府农业主管部门自受理品种登记申请之日起二十个工作日内，对申请者提交的申请文件进行书面审查，符合要求的，报国务院农业主管部门予以登记公告。

对已登记品种存在申请文件、种子样品不实的，由国务院农业主管部门撤销该品种登记，并将该申请者的违法信息记入社会诚信档案，向社会公布；给种子使用者和其他种子生产经营者造成损失的，依法承担赔偿责任。

对已登记品种出现不可克服的严重缺陷等情形的，由国务院农业主管部门撤销登记，并发布公告，停止推广。

非主要农作物品种登记办法由国务院农业主管部门规定。

第二十三条 应当审定的农作物品种未经审定的，不得发布广告、推广、销售。

应当审定的林木品种未经审定通过的，不得作为良种推广、销售，但生产确需使用的，应当经林木品种审定委员会认定。

应当登记的农作物品种未经登记的，不得发布广告、推广，不得以登记品种的名义销售。

第二十四条 在中国境内没有经常居所或者营业场所的境外机构、个人在境内申请品种审定或者登记的，应当委托具有法人资格的境内种子企业代理。

第四章 新品种保护

第二十五条 国家实行植物新品种保护制度。对国家植物品种保护名录内经过人工选育或者发现的野生植物加以改良，具备新颖性、特异性、一致性、稳定性和适当命名的植物品种，由国务院农业、林业主管部门授予植物新品种权，保护植物新品种权所有人的合法权益。植物新品种权的内容和归属、授予条件、申请和受理、审查与批准，以及期限、终止和无效等依照本法、有关法律和行政法规规定执行。

国家鼓励和支持种业科技创新、植物新品种培育及成果转化。取得植物新品种权的品种得到推广应用的，育种者依法获得相应的经济利益。

第二十六条 一个植物新品种只能授予一项植物新品种权。两个以上的申请人分别就同一个品种申请植物新品种权的，植物新品种权授予最先申请的人；同时申请的，植物新品种权授予最先完成该品种育种的人。

对违反法律，危害社会公共利益、生态环境的植物新品种，不授予植物新品种权。

第二十七条　授予植物新品种权的植物新品种名称，应当与相同或者相近的植物属或者种中已知品种的名称相区别。该名称经授权后即为该植物新品种的通用名称。

下列名称不得用于授权品种的命名：

（一）仅以数字表示的；

（二）违反社会公德的；

（三）对植物新品种的特征、特性或者育种者身份等容易引起误解的。

同一植物品种在申请新品种保护、品种审定、品种登记、推广、销售时只能使用同一个名称。生产推广、销售的种子应当与申请植物新品种保护、品种审定、品种登记时提供的样品相符。

第二十八条　完成育种的单位或者个人对其授权品种，享有排他的独占权。任何单位或者个人未经植物新品种权所有人许可，不得生产、繁殖或者销售该授权品种的繁殖材料，不得为商业目的将该授权品种的繁殖材料重复使用于生产另一品种的繁殖材料；但是本法、有关法律、行政法规另有规定的除外。

第二十九条　在下列情况下使用授权品种的，可以不经植物新品种权所有人许可，不向其支付使用费，但不得侵犯植物新品种权所有人依照本法、有关法律、行政法规享有的其他权利：

（一）利用授权品种进行育种及其他科研活动；

（二）农民自繁自用授权品种的繁殖材料。

第三十条　为了国家利益或者社会公共利益，国务院农业、林业主管部门可以作出实施植物新品种权强制许可的决定，并予以登记和公告。

取得实施强制许可的单位或者个人不享有独占的实施权,并且无权允许他人实施。

第五章 种子生产经营

第三十一条 从事种子进出口业务的种子生产经营许可证,由省、自治区、直辖市人民政府农业、林业主管部门审核,国务院农业、林业主管部门核发。

从事主要农作物杂交种子及其亲本种子、林木良种种子的生产经营以及实行选育生产经营相结合,符合国务院农业、林业主管部门规定条件的种子企业的种子生产经营许可证,由生产经营者所在地县级人民政府农业、林业主管部门审核,省、自治区、直辖市人民政府农业、林业主管部门核发。

前两款规定以外的其他种子的生产经营许可证,由生产经营者所在地县级以上地方人民政府农业、林业主管部门核发。

只从事非主要农作物种子和非主要林木种子生产的,不需要办理种子生产经营许可证。

第三十二条 申请取得种子生产经营许可证的,应当具有与种子生产经营相适应的生产经营设施、设备及专业技术人员,以及法规和国务院农业、林业主管部门规定的其他条件。

从事种子生产的,还应当同时具有繁殖种子的隔离和培育条件,具有无检疫性有害生物的种子生产地点或者县级以上人民政府林业主管部门确定的采种林。

申请领取具有植物新品种权的种子生产经营许可证的,应当征得植物新品种权所有人的书面同意。

第三十三条 种子生产经营许可证应当载明生产经营者名称、地址、法定代表人、生产种子的品种、地点和种子经营的范围、有效期限、有效区域等事项。

前款事项发生变更的，应当自变更之日起三十日内，向原核发许可证机关申请变更登记。

除本法另有规定外，禁止任何单位和个人无种子生产经营许可证或者违反种子生产经营许可证的规定生产、经营种子。禁止伪造、变造、买卖、租借种子生产经营许可证。

第三十四条　种子生产应当执行种子生产技术规程和种子检验、检疫规程。

第三十五条　在林木种子生产基地内采集种子的，由种子生产基地的经营者组织进行，采集种子应当按照国家有关标准进行。

禁止抢采掠青、损坏母树，禁止在劣质林内、劣质母树上采集种子。

第三十六条　种子生产经营者应当建立和保存包括种子来源、产地、数量、质量、销售去向、销售日期和有关责任人员等内容的生产经营档案，保证可追溯。种子生产经营档案的具体载明事项，种子生产经营档案及种子样品的保存期限由国务院农业、林业主管部门规定。

第三十七条　农民个人自繁自用的常规种子有剩余的，可以在当地集贸市场上出售、串换，不需要办理种子生产经营许可证。

第三十八条　种子生产经营许可证的有效区域由发证机关在其管辖范围内确定。种子生产经营者在种子生产经营许可证载明的有效区域设立分支机构的，专门经营不再分装的包装种子的，或者受具有种子生产经营许可证的种子生产经营者以书面委托生产、代销其种子的，不需要办理种子生产经营许可证，但应当向当地农业、林业主管部门备案。

实行选育生产经营相结合，符合国务院农业、林业主管部门规定条件的种子企业的生产经营许可证的有效区域为全国。

第三十九条 未经省、自治区、直辖市人民政府林业主管部门批准,不得收购珍贵树木种子和本级人民政府规定限制收购的林木种子。

第四十条 销售的种子应当加工、分级、包装。但是不能加工、包装的除外。

大包装或者进口种子可以分装;实行分装的,应当标注分装单位,并对种子质量负责。

第四十一条 销售的种子应当符合国家或者行业标准,附有标签和使用说明。标签和使用说明标注的内容应当与销售的种子相符。种子生产经营者对标注内容的真实性和种子质量负责。

标签应当标注种子类别、品种名称、品种审定或者登记编号、品种适宜种植区域及季节、生产经营者及注册地、质量指标、检疫证明编号、种子生产经营许可证编号和信息代码,以及国务院农业、林业主管部门规定的其他事项。

销售授权品种种子的,应当标注品种权号。

销售进口种子的,应当附有进口审批文号和中文标签。

销售转基因植物品种种子的,必须用明显的文字标注,并应当提示使用时的安全控制措施。

种子生产经营者应当遵守有关法律、法规的规定,诚实守信,向种子使用者提供种子生产者信息、种子的主要性状、主要栽培措施、适应性等使用条件的说明、风险提示与有关咨询服务,不得作虚假或者引人误解的宣传。

任何单位和个人不得非法干预种子生产经营者的生产经营自主权。

第四十二条 种子广告的内容应当符合本法和有关广告的法律、法规的规定,主要性状描述等应当与审定、登记公告一致。

第四十三条 运输或者邮寄种子应当依照有关法律、行政法规的规定进行检疫。

第四十四条 种子使用者有权按照自己的意愿购买种子,任何单位和个人不得非法干预。

第四十五条 国家对推广使用林木良种造林给予扶持。国家投资或者国家投资为主的造林项目和国有林业单位造林,应当根据林业主管部门制定的计划使用林木良种。

第四十六条 种子使用者因种子质量问题或者因种子的标签和使用说明标注的内容不真实,遭受损失的,种子使用者可以向出售种子的经营者要求赔偿,也可以向种子生产者或者其他经营者要求赔偿。赔偿额包括购种价款、可得利益损失和其他损失。属于种子生产者或者其他经营者责任的,出售种子的经营者赔偿后,有权向种子生产者或者其他经营者追偿;属于出售种子的经营者责任的,种子生产者或者其他经营者赔偿后,有权向出售种子的经营者追偿。

第六章 种子监督管理

第四十七条 农业、林业主管部门应当加强对种子质量的监督检查。种子质量管理办法、行业标准和检验方法,由国务院农业、林业主管部门制定。

农业、林业主管部门可以采用国家规定的快速检测方法对生产经营的种子品种进行检测,检测结果可以作为行政处罚依据。被检查人对检测结果有异议的,可以申请复检,复检不得采用同一检测方法。因检测结果错误给当事人造成损失的,依法承担赔偿责任。

第四十八条 农业、林业主管部门可以委托种子质量检验机构对种子质量进行检验。

承担种子质量检验的机构应当具备相应的检测条件、能力,并经省级以上人民政府有关主管部门考核合格。

种子质量检验机构应当配备种子检验员。种子检验员应当具有中专以上有关专业学历,具备相应的种子检验技术能力和水平。

第四十九条 禁止生产经营假、劣种子。农业、林业主管部门和有关部门依法打击生产经营假、劣种子的违法行为,保护农民合法权益,维护公平竞争的市场秩序。

下列种子为假种子:

(一) 以非种子冒充种子或者以此种品种种子冒充其他品种种子的;

(二) 种子种类、品种与标签标注的内容不符或者没有标签的。

下列种子为劣种子:

(一) 质量低于国家规定标准的;

(二) 质量低于标签标注指标的;

(三) 带有国家规定的检疫性有害生物的。

第五十条 农业、林业主管部门是种子行政执法机关。种子执法人员依法执行公务时应当出示行政执法证件。农业、林业主管部门依法履行种子监督检查职责时,有权采取下列措施:

(一) 进入生产经营场所进行现场检查;

(二) 对种子进行取样测试、试验或者检验;

(三) 查阅、复制有关合同、票据、账簿、生产经营档案及其他有关资料;

(四) 查封、扣押有证据证明违法生产经营的种子,以及用于违法生产经营的工具、设备及运输工具等;

(五) 查封违法从事种子生产经营活动的场所。

农业、林业主管部门依照本法规定行使职权,当事人应当协助、配合,不得拒绝、阻挠。

农业、林业主管部门所属的综合执法机构或者受其委托的种子管理机构，可以开展种子执法相关工作。

第五十一条 种子生产经营者依法自愿成立种子行业协会，加强行业自律管理，维护成员合法权益，为成员和行业发展提供信息交流、技术培训、信用建设、市场营销和咨询等服务。

第五十二条 种子生产经营者可自愿向具有资质的认证机构申请种子质量认证。经认证合格的，可以在包装上使用认证标识。

第五十三条 由于不可抗力原因，为生产需要必须使用低于国家或者地方规定标准的农作物种子的，应当经用种地县级以上地方人民政府批准；林木种子应当经用种地省、自治区、直辖市人民政府批准。

第五十四条 从事品种选育和种子生产经营以及管理的单位和个人应当遵守有关植物检疫法律、行政法规的规定，防止植物危险性病、虫、杂草及其他有害生物的传播和蔓延。

禁止任何单位和个人在种子生产基地从事检疫性有害生物接种试验。

第五十五条 省级以上人民政府农业、林业主管部门应当在统一的政府信息发布平台上发布品种审定、品种登记、新品种保护、种子生产经营许可、监督管理等信息。

国务院农业、林业主管部门建立植物品种标准样品库，为种子监督管理提供依据。

第五十六条 农业、林业主管部门及其工作人员，不得参与和从事种子生产经营活动。

第七章 种子进出口和对外合作

第五十七条 进口种子和出口种子必须实施检疫，防止植物危险性病、虫、杂草及其他有害生物传入境内和传出境外，具体检疫工作按照有关植物进出境检疫法律、行政法规的规定执行。

第五十八条 从事种子进出口业务的,除具备种子生产经营许可证外,还应当依照国家有关规定取得种子进出口许可。

从境外引进农作物、林木种子的审定权限,农作物、林木种子的进口审批办法,引进转基因植物品种的管理办法,由国务院规定。

第五十九条 进口种子的质量,应当达到国家标准或者行业标准。没有国家标准或者行业标准的,可以按照合同约定的标准执行。

第六十条 为境外制种进口种子的,可以不受本法第五十八条第一款的限制,但应当具有对外制种合同,进口的种子只能用于制种,其产品不得在境内销售。

从境外引进农作物或者林木试验用种,应当隔离栽培,收获物也不得作为种子销售。

第六十一条 禁止进出口假、劣种子以及属于国家规定不得进出口的种子。

第六十二条 国家建立种业国家安全审查机制。境外机构、个人投资、并购境内种子企业,或者与境内科研院所、种子企业开展技术合作,从事品种研发、种子生产经营的审批管理依照有关法律、行政法规的规定执行。

第八章　扶持措施

第六十三条 国家加大对种业发展的支持。对品种选育、生产、示范推广、种质资源保护、种子储备以及制种大县给予扶持。

国家鼓励推广使用高效、安全制种采种技术和先进适用的制种采种机械,将先进适用的制种采种机械纳入农机具购置补贴范围。

国家积极引导社会资金投资种业。

第六十四条 国家加强种业公益性基础设施建设。

对优势种子繁育基地内的耕地,划入基本农田保护区,实行永久保护。优势种子繁育基地由国务院农业主管部门商所在省、自治区、直辖市人民政府确定。

第六十五条 对从事农作物和林木品种选育、生产的种子企业,按照国家有关规定给予扶持。

第六十六条 国家鼓励和引导金融机构为种子生产经营和收储提供信贷支持。

第六十七条 国家支持保险机构开展种子生产保险。省级以上人民政府可以采取保险费补贴等措施,支持发展种业生产保险。

第六十八条 国家鼓励科研院所及高等院校与种子企业开展育种科技人员交流,支持本单位的科技人员到种子企业从事育种成果转化活动;鼓励育种科研人才创新创业。

第六十九条 国务院农业、林业主管部门和异地繁育种子所在地的省、自治区、直辖市人民政府应当加强对异地繁育种子工作的管理和协调,交通运输部门应当优先保证种子的运输。

第九章　法律责任

第七十条 农业、林业主管部门不依法作出行政许可决定,发现违法行为或者接到对违法行为的举报不予查处,或者有其他未依照本法规定履行职责的行为的,由本级人民政府或者上级人民政府有关部门责令改正,对负有责任的主管人员和其他直接责任人员依法给予处分。

违反本法第五十六条规定，农业、林业主管部门工作人员从事种子生产经营活动的，依法给予处分。

第七十一条 违反本法第十六条规定，品种审定委员会委员和工作人员不依法履行职责、弄虚作假、徇私舞弊的，依法给予处分；自处分决定作出之日起五年内不得从事品种审定工作。

第七十二条 品种测试、试验和种子质量检验机构伪造测试、试验、检验数据或者出具虚假证明的，由县级以上人民政府农业、林业主管部门责令改正，对单位处五万元以上十万元以下罚款，对直接负责的主管人员和其他直接责任人员处一万元以上五万元以下罚款；有违法所得的，并处没收违法所得；给种子使用者和其他种子生产经营者造成损失的，与种子生产经营者承担连带责任；情节严重的，由省级以上人民政府有关主管部门取消种子质量检验资格。

第七十三条 违反本法第二十八条规定，有侵犯植物新品种权行为的，由当事人协商解决，不愿协商或者协商不成的，植物新品种权所有人或者利害关系人可以请求县级以上人民政府农业、林业主管部门进行处理，也可以直接向人民法院提起诉讼。

县级以上人民政府农业、林业主管部门，根据当事人自愿的原则，对侵犯植物新品种权所造成的损害赔偿可以进行调解。调解达成协议的，当事人应当履行；当事人不履行协议或者调解未达成协议的，植物新品种权所有人或者利害关系人可以依法向人民法院提起诉讼。

侵犯植物新品种权的赔偿数额按照权利人因被侵权所受到的实际损失确定；实际损失难以确定的，可以按照侵权人因侵权所获得的利益确定。权利人的损失或者侵权人获得的利益难以确定的，可以参照该植物新品种权许可使用费的倍数合理确定。赔偿数额应当包括权利人为制止侵权行为所支付的合理开支。侵犯植物新品种权,情节严重的,可以在按照上述方法确定数额的一倍以上三倍以下确定赔偿数额。

权利人的损失、侵权人获得的利益和植物新品种权许可使用费均难以确定的,人民法院可以根据植物新品种权的类型、侵权行为的性质和情节等因素,确定给予三百万元以下的赔偿。

县级以上人民政府农业、林业主管部门处理侵犯植物新品种权案件时,为了维护社会公共利益,责令侵权人停止侵权行为,没收违法所得和种子;货值金额不足五万元的,并处一万元以上二十五万元以下罚款;货值金额五万元以上的,并处货值金额五倍以上十倍以下罚款。

假冒授权品种的,由县级以上人民政府农业、林业主管部门责令停止假冒行为,没收违法所得和种子;货值金额不足五万元的,并处一万元以上二十五万元以下罚款;货值金额五万元以上的,并处货值金额五倍以上十倍以下罚款。

第七十四条 当事人就植物新品种的申请权和植物新品种权的权属发生争议的,可以向人民法院提起诉讼。

第七十五条 违反本法第四十九条规定,生产经营假种子的,由县级以上人民政府农业、林业主管部门责令停止生产经营,没收违法所得和种子,吊销种子生产经营许可证;违法生产经营的货值金额不足一万元的,并处一万元以上十万元以下罚款;货值金额一万元以上的,并处货值金额十倍以上二十倍以下罚款。

因生产经营假种子犯罪被判处有期徒刑以上刑罚的,种子企业或者其他单位的法定代表人、直接负责的主管人员自刑罚执行完毕之日起五年内不得担任种子企业的法定代表人、高级管理人员。

第七十六条 违反本法第四十九条规定,生产经营劣种子的,由县级以上人民政府农业、林业主管部门责令停止生产经营,没收违法所得和种子；违法生产经营的货值金额不足一万元的，并处五千元以上五万元以下罚款；货值金额一万元以上的，并处货值金额五倍以上十倍以下罚款；情节严重的，吊销种子生产经营许可证。

因生产经营劣种子犯罪被判处有期徒刑以上刑罚的，种子企业或者其他单位的法定代表人、直接负责的主管人员自刑罚执行完毕之日起五年内不得担任种子企业的法定代表人、高级管理人员。

第七十七条　违反本法第三十二条、第三十三条规定，有下列行为之一的，由县级以上人民政府农业、林业主管部门责令改正，没收违法所得和种子；违法生产经营的货值金额不足一万元的，并处三千元以上三万元以下罚款；货值金额一万元以上的，并处货值金额三倍以上五倍以下罚款；可以吊销种子生产经营许可证：

（一）未取得种子生产经营许可证生产经营种子的；

（二）以欺骗、贿赂等不正当手段取得种子生产经营许可证的；

（三）未按照种子生产经营许可证的规定生产经营种子的；

（四）伪造、变造、买卖、租借种子生产经营许可证的。

被吊销种子生产经营许可证的单位，其法定代表人、直接负责的主管人员自处罚决定作出之日起五年内不得担任种子企业的法定代表人、高级管理人员。

第七十八条　违反本法第二十一条、第二十二条、第二十三条规定，有下列行为之一的，由县级以上人民政府农业、林业主管部门责令停止违法行为，没收违法所得和种子，并处二万元以上二十万元以下罚款：

（一）对应当审定未经审定的农作物品种进行推广、销售的；

（二）作为良种推广、销售应当审定未经审定的林木品种的；

（三）推广、销售应当停止推广、销售的农作物品种或者林木良种的；

（四）对应当登记未经登记的农作物品种进行推广，或者以登记品种的名义进行销售的；

（五）对已撤销登记的农作物品种进行推广，或者以登记品种的名义进行销售的。

违反本法第二十三条、第四十二条规定，对应当审定未经审定或者应当登记未经登记的农作物品种发布广告，或者广告中有关品种的主要性状描述的内容与审定、登记公告不一致的，依照《中华人民共和国广告法》的有关规定追究法律责任。

第七十九条 违反本法第五十八条、第六十条、第六十一条规定，有下列行为之一的，由县级以上人民政府农业、林业主管部门责令改正，没收违法所得和种子；违法生产经营的货值金额不足一万元的，并处三千元以上三万元以下罚款；货值金额一万元以上的，并处货值金额三倍以上五倍以下罚款；情节严重的，吊销种子生产经营许可证：

（一）未经许可进出口种子的；

（二）为境外制种的种子在境内销售的；

（三）从境外引进农作物或者林木种子进行引种试验的收获物作为种子在境内销售的；

（四）进出口假、劣种子或者属于国家规定不得进出口的种子的。

第八十条 违反本法第三十六条、第三十八条、第四十条、第四十一条规定，有下列行为之一的，由县级以上人民政府农业、林业主管部门责令改正，处二千元以上二万元以下罚款：

（一）销售的种子应当包装而没有包装的；

（二）销售的种子没有使用说明或者标签内容不符合规定的；

(三) 涂改标签的;

(四) 未按规定建立、保存种子生产经营档案的;

(五) 种子生产经营者在异地设立分支机构、专门经营不再分装的包装种子或者受委托生产、代销种子,未按规定备案的。

第八十一条 违反本法第八条规定,侵占、破坏种质资源,私自采集或者采伐国家重点保护的天然种质资源的,由县级以上人民政府农业、林业主管部门责令停止违法行为,没收种质资源和违法所得,并处五千元以上五万元以下罚款;造成损失的,依法承担赔偿责任。

第八十二条 违反本法第十一条规定,向境外提供或者从境外引进种质资源,或者与境外机构、个人开展合作研究利用种质资源的,由国务院或者省、自治区、直辖市人民政府的农业、林业主管部门没收种质资源和违法所得,并处二万元以上二十万元以下罚款。

未取得农业、林业主管部门的批准文件携带、运输种质资源出境的,海关应当将该种质资源扣留,并移送省、自治区、直辖市人民政府农业、林业主管部门处理。

第八十三条 违反本法第三十五条规定,抢采掠青、损坏母树或者在劣质林内、劣质母树上采种的,由县级以上人民政府林业主管部门责令停止采种行为,没收所采种子,并处所采种子货值金额二倍以上五倍以下罚款。

第八十四条 违反本法第三十九条规定,收购珍贵树木种子或者限制收购的林木种子的,由县级以上人民政府林业主管部门没收所收购的种子,并处收购种子货值金额二倍以上五倍以下罚款。

第八十五条 违反本法第十七条规定,种子企业有造假行为的,由省级以上人民政府农业、林业主管部门处一百万元以上五百万元以下罚款;不得再依照本法第十七条的规定申请品种审定;给种子使用者和其他种子生产经营者造成损失的,依法承担赔偿责任。

第八十六条 违反本法第四十五条规定,未根据林业主管部门制定的计划使用林木良种的,由同级人民政府林业主管部门责令限期改正;逾期未改正的,处三千元以上三万元以下罚款。

第八十七条 违反本法第五十四条规定,在种子生产基地进行检疫性有害生物接种试验的,由县级以上人民政府农业、林业主管部门责令停止试验,处五千元以上五万元以下罚款。

第八十八条 违反本法第五十条规定,拒绝、阻挠农业、林业主管部门依法实施监督检查的,处二千元以上五万元以下罚款,可以责令停产停业整顿;构成违反治安管理行为的,由公安机关依法给予治安管理处罚。

第八十九条 违反本法第十三条规定,私自交易育种成果,给本单位造成经济损失的,依法承担赔偿责任。

第九十条 违反本法第四十四条规定,强迫种子使用者违背自己的意愿购买、使用种子,给使用者造成损失的,应当承担赔偿责任。

第九十一条 违反本法规定,构成犯罪的,依法追究刑事责任。

第十章 附 则

第九十二条 本法下列用语的含义是:

(一)种质资源是指选育植物新品种的基础材料,包括各种植物的栽培种、野生种的繁殖材料以及利用上述繁殖材料人工创造的各种植物的遗传材料。

(二)品种是指经过人工选育或者发现并经过改良,形态特征和生物学特性一致，遗传性状相对稳定的植物群体。

（三）主要农作物是指稻、小麦、玉米、棉花、大豆。

（四）主要林木由国务院林业主管部门确定并公布；省、自治区、直辖市人民政府林业主管部门可以在国务院林业主管部门确定的主要林木之外确定其他八种以下的主要林木。

（五）林木良种是指通过审定的主要林木品种，在一定的区域内，其产量、适应性、抗性等方面明显优于当前主栽材料的繁殖材料和种植材料。

（六）新颖性是指申请植物新品种权的品种在申请日前，经申请权人自行或者同意销售、推广其种子，在中国境内未超过一年；在境外，木本或者藤本植物未超过六年，其他植物未超过四年。

本法施行后新列入国家植物品种保护名录的植物的属或者种，从名录公布之日起一年内提出植物新品种权申请的，在境内销售、推广该品种种子未超过四年的，具备新颖性。

除销售、推广行为丧失新颖性外，下列情形视为已丧失新颖性：

1. 品种经省、自治区、直辖市人民政府农业、林业主管部门依据播种面积确认已经形成事实扩散的；

2. 农作物品种已审定或者登记两年以上未申请植物新品种权的。

（七）特异性是指一个植物品种有一个以上性状明显区别于已知品种。

（八）一致性是指一个植物品种的特性除可预期的自然变异外，群体内个体间相关的特征或者特性表现一致。

（九）稳定性是指一个植物品种经过反复繁殖后或者在特定繁殖周期结束时，其主要性状保持不变。

（十）已知品种是指已受理申请或者已通过品种审定、品种登记、新品种保护，或者已经销售、推广的植物品种。

（十一）标签是指印制、粘贴、固定或者附着在种子、种子包装物表面的特定图案及文字说明。

第九十三条 草种、烟草种、中药材种、食用菌菌种的种质资源管理和选育、生产经营、管理等活动，参照本法执行。

第九十四条 本法自 2016 年 1 月 1 日起施行。

附 录

农作物种质资源管理办法

(2003年7月8日农业部第30号令公布,2004年7月1日农业部令第38号修订)

第一章 总 则

第一条 为了加强农作物种质资源的保护,促进农作物种质资源的交流和利用,根据《中华人民共和国种子法》规定,制定本办法。

第二条 中华人民共和国境内从事农作物种质资源收集、整理、鉴定、登记、保存、交流、利用和管理等活动,适用本办法。

第三条 本办法所称农作物种质资源,指选育农作物新品种的基础材料,包括农作物的栽培种、野生种和濒危稀有种的繁殖材料,以及利用上述繁殖材料人工创造的各种遗传材料,其形态包括果实、籽粒、苗、根、茎、叶、芽、花、组织、细胞和DNA DNA片段及基因等有生命的物质材料。

第四条 农业部设立国家农作物种质资源委员会,研究提出国家农作物种质资源发展战略和方针政策,协调全国农作物种质资源的管理工作。委员会办公室设在农业部种植业管理司,负责委员会的日常工作。

各省、自治区、直辖市农业行政主管部门可根据需要，确定相应的农作物种质资源管理单位。

第五条 农作物种质资源工作属于公益性事业，国家及地方政府有关部门应当采取措施，保障农作物种质资源工作的稳定和经费来源。

第六条 国家对在农作物种质资源收集、整理、鉴定、登记、保存、交流、引进、利用和管理过程中成绩显著的单位和个人，给予表彰和奖励。

第二章 农作物种质资源收集

第七条 国家有计划地组织农作物种质资源普查、重点考察和收集工作。因工程建设、环境变化等情况可能造成农作物种质资源灭绝的应当及时组织抢救收集。

第八条 禁止采集或采伐列入国家重点保护野生植物名录的野生种、野生近缘种、濒危稀有种和保护区、保护地、种质圃内的农作物种质资源。

因科研等特殊情况需要采集或采伐列入国家重点保护野生植物名录的野生种、野生近缘种、濒危稀有种种质资源的应当按照国务院及农业部有关野生植物管理的规定，办理审批手续；需要采集或采伐保护区、保护地、种质圃内种质资源的应当经建立该保护区、保护地、种质圃的农业行政主管部门批准。

第九条 农作物种质资源的采集数量应当以不影响原始居群的遗传完整性及其正常生长为标准。

第十条 未经批准，境外人员不得在中国境内采集农作物种质资源。中外科学家联合考察我国农作物种质资源的应当提前6个月报经农业部批准。

采集的农作物种质资源需要带出境外的应当按照本办法的规定

办理对外提供农作物种质资源审批手续。

第十一条 收集种质资源应当建立原始档案，详细记载材料名称、基本特征特性、采集地点和时间、采集数量、采集人等。

第十二条 收集的所有农作物种质资源及其原始档案应当送交国家种质库登记保存。

第十三条 申请品种审定的单位和个人，应当将适量繁殖材料（包括杂交亲本繁殖材料）交国家种质库登记保存。

第十四条 单位和个人持有国家尚未登记保存的种质资源的有义务送交国家种质库保存。

当事人可以将种质资源送交当地农业行政主管部门或农业科研机构，地方农业行政主管部门或农业科研机构应当及时将收到种质资源送交国家种质库保存。

第三章　农作物种质资源鉴定、登记和保存

第十五条 对收集的所有农作物种质资源应当进行植物学类别和主要农艺性状鉴定。

农作物种质资源的鉴定实行国家统一标准制度，具体标准由农业部根据国家农作物种质资源委员会的建议制定和公布。

农作物种质资源的登记实行统一编号制度，任何单位和个人不得更改国家统一编号和名称。

第十六条 农作物种质资源保存实行原生境保存和非原生境保存相结合的制度。

原生境保存包括建立农作物种质资源保护区和保护地，非原生境保存包括建立各种类型的种质库、种质圃及试管苗库。

第十七条 农业部在农业植物多样性中心、重要农作物野生种及野生近缘植物原生地以及其他农业野生资源富集区，建立农作物种质资源保护区或保护地。

第十八条　农业部建立国家农作物种质库,包括长期种质库及其复份库、中期种质库、种质圃及试管苗库。

长期种质库负责全国农作物种质资源的长期保存;复份库负责长期种质库贮存种质的备份保存;中期种质库负责种质的中期保存、特性鉴定、繁殖和分发;种质圃及试管苗库负责无性繁殖作物及多年生作物种质的保存、特性鉴定、繁殖和分发。

国家和地方有关部门应当采取措施,保障国家种质库的正常运转和种质资源安全。

第十九条　各省、自治区、直辖市根据需要建立本地区的农作物种质资源保护区、保护地、种质圃和中期种质库。

第四章　农作物种质资源繁殖和利用

第二十条　国家鼓励单位和个人从事农作物种质资源研究和创新。

第二十一条　国家长期种质库保存的种质资源属国家战略资源,未经农业部批准,任何单位和个人不得动用。

因国家中期种质库保存的种质资源绝种,需要从国家长期种质库取种繁殖的应当报农业部审批。

国家长期种质库应当定期检测库存种质资源,当库存种质资源活力降低或数量减少影响种质资源安全时,应当及时繁殖补充。

第二十二条　国家中期种质库应当定期繁殖更新库存种质资源,保证库存种质资源活力和数量;国家种质圃应当定期更新复壮圃存种质资源,保证圃存种质资源的生长势。国家有关部门应保障其繁殖更新费用。

第二十三条　农业部根据国家农作物种质资源委员会的建议,定期公布可供利用的农作物种质资源目录,并评选推荐优异种质资源。

因科研和育种需要目录中农作物种质资源的单位和个人,可以向国家中期种质库、种质圃提出申请。对符合国家中期种质库、种质圃提供种质资源条件的国家中期种质库、种质圃应当迅速、免费向申请者提供适量种质材料。如需收费,不得超过繁种等所需的最低费用。

第二十四条 从国家获取的种质资源不得直接申请新品种保护及其他知识产权。

第二十五条 从国家中期种质库、种质圃获取种质资源的单位和个人应当及时向国家中期种质库、种质圃反馈种质资源利用信息,对不反馈信息者,国家中期种质库、种质圃有权不再向其提供种质资源。

国家中期种质库、种质圃应当定期向国家农作物种质资源委员会办公室上报种质资源发放和利用情况。

第二十六条 各省、自治区、直辖市农业行政主管部门可以根据本办法和本地区实际情况,制定本地区的农作物种质资源发放和利用办法。

第五章 农作物种质资源国际交流

第二十七条 国家对农作物种质资源享有主权,任何单位和个人向境外提供种质资源,应当经所在地省、自治区、直辖市农业行政主管部门审核,报农业部审批。

第二十八条 对外提供农作物种质资源实行分类管理制度,农业部定期修订分类管理目录。

第二十九条 对外提供农作物种质资源按以下程序办理:

(一)对外提供种质资源的单位和个人按规定的格式及要求填写《对外提供农作物种质资源申请表》(见附件一),提交对外提供种质资源说明,向农业部提出申请。

（二）农业部应当自收到申请材料之日起 20 日内作出审批决定。审批通过的，开具《对外提供农作物种质资源准许证》（见附件二），加盖"农业部对外提供农作物种质资源审批专用章"。

（三）对外提供种质资源的单位和个人持《对外提供农作物种质资源准许证》到检疫机关办理检疫审批手续。

（四）《对外提供农作物种质资源准许证》和检疫通关证明作为海关放行依据。

第三十条　对外合作项目中包括农作物种质资源交流的应当在签订合作协议前，办理对外提供农作物种质资源审批手续。

第三十一条　国家鼓励单位和个人从境外引进农作物种质资源。

第三十二条　从境外引进新物种的应当进行科学论证，采取有效措施，防止可能造成的生态危害和环境危害。引进前，报经农业部批准，引进后隔离种植 1 个以上生育周期，经评估，证明确实安全和有利用价值的方可分散种植。

第三十三条　单位和个人从境外引进种质资源，应当依照有关植物检疫法律行政法规规定，办理植物检疫手续。引进的种质资源，应当隔离试种，经植物检疫机构检疫，证明确实不带危险性病、虫及杂草的方可分散种植。

第三十四条　国家实行引种统一登记制度。引种单位和个人应当在引进种质资源入境之日起一年之内向国家农作物种质资源委员会办公室申报备案，并附适量种质材料供国家种质库保存。

当事人可以将引种信息和种质资源送交当地农业行政主管部门或农业科研机构，地方农业行政主管部门或农业科研机构应当及时向国家农作物种质资源委员会办公室申报备案，并将收到种质资源送交国家种质库保存。

第三十五条　引进的种质资源，由国家农作物种质资源委员会统一编号和译名，任何单位和个人不得更改国家引种编号和译名。

第六章 农作物种质资源信息管理

第三十六条 国家农作物种质资源委员会办公室应当加强农作物种质资源的信息管理工作，包括种质资源收集、鉴定、保存、利用、国际交流等动态信息，为有关部门提供信息服务，保护国家种质资源信息安全。

第三十七条 负责农作物种质资源收集、鉴定、保存、登记等工作的单位，有义务向国家农作物种质资源委员会办公室提供相关信息，保障种质资源信息共享。

第七章 罚 则

第三十八条 违反本办法规定，未经批准私自采集或采伐国家重点保护的天然种质资源的按照《种子法》第六十一条的规定予以处罚。

第三十九条 违反本办法规定，未经批准动用国家长期种质库贮存的种质资源的对直接负责的主管人员和其他直接责任人员，依法给予行政处分。

第四十条 违反本办法规定，未经批准向境外提供或者从境外引进种质资源的按照《种子法》第六十三条的规定予以处罚。

第四十一条 违反本办法规定，农业行政主管部门或者农业科研机构未及时将收到单位或个人送交的国家未登记的种质资源及引种信息送交国家种质库保存的或者引进境外种质资源未申报备案的由本单位或上级主管部门责令改正，对直接负责的主管人员和其他直接责任人员，可以依法给予行政处分。

第八章 附 则

第四十二条 中外科学家联合考察的农作物种质资源,对外提供的农作物种质资源,以及从境外引进的农作物种质资源,属于列入国家重点保护野生植物名录的野生种、野生近缘种、濒危稀有种的除按本办法办理审批手续外,还应按照《野生植物保护条例》农业野生植物保护办法》规定,办理相关审批手续。

第四十三条 本办法自 2003 年 10 月 1 日起施行。1997 年 3 月 28 日农业部发布的进出口农作物种子(苗)管理暂行办法》有关种质资源进出口管理的内容同时废止。

附件一:对外提供农作物种质资源申请表(略)
附件二:对外提供农作物种质资源准许证(略)

草种管理办法

中华人民共和国农业部令

2015 年第 1 号

现公布《农业部关于修订部分规章和规范性文件的决定》，自公布之日起施行。

农业部部长
2015 年 4 月 29 日

（2006 年 1 月 12 日农业部令第 56 号公布；根据 2013 年 12 月 31 日农业部令 2013 年第 5 号、2014 年 4 月 25 日农业部令 2014 年第 3 号、2015 年 4 月 29 日农业部令 2015 年第 1 号修订）

第一章 总 则

第一条 为了规范和加强草种管理，提高草种质量，维护草品种选育者和草种生产者、经营者、使用者的合法权益，促进草业的健康发展，根据《中华人民共和国种子法》和《中华人民共和国草原法》，制定本办法。

第二条 在中华人民共和国境内从事草品种选育和草种生产、经营、使用、管理等活动，应当遵守本办法。

第三条 本办法所称草种，是指用于动物饲养、生态建设、绿化美化等用途的草本植物及饲用灌木的籽粒、果实、根、茎、苗、叶、芽等种植材料或者繁殖材料。

第四条 农业部主管全国草种管理工作。

县级以上地方人民政府草原行政主管部门主管本行政区域内的草种管理工作。

第五条 草原行政主管部门及其工作人员不得参与和从事草种生产、经营活动；草种生产经营机构不得参与和从事草种行政管理工作。草种的行政主管部门与生产经营机构在人员和财务上必须分开。

第六条 县级以上地方人民政府草原行政主管部门应当加强草种质资源保护和良种选育、生产、更新、推广工作，鼓励选育、生产、经营相结合，奖励在草种质资源保护和良种选育、推广等工作中成绩显著的单位和个人。

第二章 草种质资源保护

第七条 国家保护草种质资源，任何单位和个人不得侵占和破坏。

第八条 农业部根据需要编制国家重点保护草种质资源名录。

第九条 农业部组织有关单位收集、整理、鉴定、登记、保存、交流和利用草种质资源，建立草种质资源库，并定期公布可供利用的草种质资源名录。

第十条 农业部和省级人民政府草原行政主管部门根据需要建立国家和地方草种质资源保护区或者保护地。

第十一条 禁止采集、采挖国家重点保护的天然草种质资源。确因科研等特殊情况需要采集、采挖的，应当经省级人民政府草原行政主管部门审核，报农业部审批。

第十二条 从境外引进的草种质资源，应当依法进行检疫。

对首次引进的草种,应当进行隔离试种,并进行风险评估,经确认安全后方可使用。

第十三条 国家对草种质资源享有主权,任何单位和个人向境外提供草种质资源的,应当经所在地省、自治区、直辖市人民政府草原行政主管部门审核,报农业部审批。

第三章 草品种选育与审定

第十四条 国家鼓励单位和个人从事草品种选育,鼓励科研单位与企业相结合选育草品种,鼓励企业投资选育草品种。

第十五条 国家实行新草品种审定制度。新草品种未经审定通过的,不得发布广告,不得经营、推广。

第十六条 农业部设立全国草品种审定委员会,负责新草品种审定工作。

全国草品种审定委员会由相关的科研、教学、技术推广、行政管理等方面具有高级专业技术职称或处级以上职务的专业人员组成。

全国草品种审定委员会主任、副主任、委员由农业部聘任。

第十七条 审定通过的新草品种,由全国草品种审定委员会颁发证书,农业部公告。

审定公告应当包括审定通过的品种名称、选育者、适应地区等内容。

审定未通过的,由全国草品种审定委员会书面通知申请人并说明理由。

第十八条 在中国没有经常居所或者营业场所的外国公民、外国企业或外国其他组织在中国申请新草品种审定的,应当委托具有法人资格的中国草种科研、生产、经营机构代理。

第四章 草种生产

第十九条 主要草种的商品生产实行许可制度。

草种生产许可证由草种生产单位或个人所在地省级人民政府草原行政主管部门核发。

第二十条 申请领取草种生产许可证的单位和个人应当具备以下条件：

（一）具有繁殖草种的隔离和培育条件；

（二）具有无国家规定检疫对象的草种生产地点；

（三）具有与草种生产相适应的资金和生产、检验设施；

（四）具有相应的专业生产和检验技术人员；

（五）法律、法规规定的其他条件。

第二十一条 申请领取草种生产许可证的，应当提交以下材料：

（一）草种生产许可证申请表；

（二）专业生产和检验技术人员资格证明；

（三）营业执照复印件；

（四）检验设施和仪器设备清单、照片和产权或合法使用权证明；

（五）草种晒场情况介绍或草种烘干设备照片及产权或合法使用权证明；

（六）草种仓储设施照片及产权或合法使用权证明；

（七）草种生产地点的检疫证明和情况介绍；

（八）草种生产质量保证制度；

（九）品种特性介绍。

品种为授权品种的，还应当提供品种权人同意的书面证明或品种转让合同；生产草种是转基因品种的，还应当提供农业转基因生物安全证书。

第二十二条 审批机关应当自受理申请之日起 20 日内完成审查，作出是否核发草种生产许可证的决定。不予批准的，书面通知申请人并说明理由。

必要时，审批机关可以对生产地点、晾晒烘干设施、仓储设施、检验设施和仪器设备进行实地考察。

第二十三条 草种生产许可证式样由农业部统一规定。

草种生产许可证有效期为 3 年，期满后需继续生产的，被许可人应当在期满 3 个月前持原证按原申请程序重新申领。

在草种生产许可证有效期内，许可证注明项目变更的，被许可人应当向原审批机关办理变更手续，并提供相应证明材料。

第二十四条 禁止任何单位和个人无证从事主要草种的商品生产。

禁止伪造、变造、买卖、租借草种生产许可证。

第二十五条 草种生产单位和个人应当按照《草种生产技术规程》生产草种，并建立草种生产档案，载明生产地点、生产地块环境、前茬作物、亲本种子来源和质量、技术负责人、田间检验记录、产地气象记录、种子流向等内容。生产档案应当保存至草种生产后 2 年。

第五章 草种经营

第二十六条 草种经营实行许可制度。草种经营单位和个人应当先取得草种经营许可证后，凭草种经营许可证向工商行政管理机关申请办理或者变更营业执照，但依照《种子法》规定不需要办理草种经营许可证的除外。

主要草种杂交种子及其亲本种子、常规原种种子的经营许可证，由草种经营单位和个人所在地县级人民政府草原行政主管部门审核，省级人民政府草原行政主管部门核发。

从事草种进出口业务的，草种经营许可证由草种经营单位或个人所在地省级人民政府草原行政主管部门审核，农业部核发。

其他草种经营许可证，由草种经营单位或个人所在地县级人民政府草原行政主管部门核发。

第二十七条 申请领取草种经营许可证的单位和个人，应当具备下列条件：

（一）具有与经营草种种类和数量相适应的资金及独立承担民事责任的能力；

（二）具有能够正确识别所经营的草种、检验草种质量、掌握草种贮藏和保管技术的人员；

（三）具有与经营草种的种类、数量相适应的经营场所及仓储设施；

（四）法律、法规规定的其他条件。

第二十八条 申请领取草种经营许可证的，应当提交以下材料：

（一）草种经营许可证申请表；

（二）经营场所照片、产权或合法使用权证明；

（三）草种仓储设施清单、照片及产权或合法使用权的证明。

第二十九条 审批机关应当自受理申请之日起20日内完成审查，作出是否核发草种经营许可证的决定。不予核发的，书面通知申请人并说明理由。

必要时，审批机关可以对营业场所及加工、包装、贮藏保管设施和检验草种质量的仪器设备进行实地考察。

第三十条 草种经营许可证式样由农业部统一规定。

草种经营许可证有效期为5年,期满后需继续经营的,经营者应当在期满3个月前持原证按原申请程序重新申领。

在草种经营许可证有效期内,许可证注明项目变更的,被许可人应当向原审批机关办理变更手续,并提供相应证明材料。

第三十一条 禁止任何单位和个人无证经营草种。

禁止伪造、变造、买卖、租借草种经营许可证。

第三十二条 草种经营者应当对所经营草种的质量负责,并遵守有关法律、法规的规定,向草种使用者提供草种的特性、栽培技术等咨询服务。

第三十三条 销售的草种应当包装。实行分装的,应当注明分装单位、原草种或草品种名、原产地。

第三十四条 销售的草种应当附有标签。标签应当注明草种类别、品种名称、种子批号、产地、生产时间、生产单位名称和质量指标等事项。

标签注明的内容应当与销售的草种相符。

销售进口草种的,应当附有中文标签。

第三十五条 草种经营者应当建立草种经营档案,载明草种来源、加工、贮藏、运输和质量检测各环节的简要说明及责任人、销售去向等内容。

经营档案应当保存至草种销售后2年。

第三十六条 县级以上草原行政主管部门要加强当地草种广告的监督管理。草种广告的内容应当符合有关法律、法规,主要性状描述应当与审定公告一致,不得进行虚假、误导宣传。

第六章 草种质量

第三十七条 农业部负责制定全国草种质量监督抽查规划和

本级草种质量监督抽查计划，县级以上地方人民政府草原行政主管部门根据全国规划和当地实际情况制定相应的监督抽查计划。

监督抽查所需费用列入草原行政主管部门的预算，不得向被抽查企业收取费用。

草原行政主管部门已经实施监督抽查的企业，自扦样之日起6个月内，本级或下级草原行政主管部门对该企业的同一作物种子不得重复进行监督抽查。

第三十八条 草原行政主管部门可以委托草种质量检验机构对草种质量进行检验。

承担草种质量检验的机构应当具备相应的检测条件和能力，并经省级人民政府有关主管部门考核合格。

第三十九条 草种质量检验机构的草种检验员应当符合下列条件：

（一）具有相关专业大专以上文化水平或具有中级以上技术职称；

（二）从事草种检验技术工作3年以上；

（三）经省级人民政府草原行政主管部门考核合格。

第四十条 监督抽查的草种应当依据《国家牧草种子检验规程》进行质量检验。《国家牧草种子检验规程》中未规定的，依据《国际种子检验规程》进行质量检验。

第四十一条 《草种质量检验报告》应当标明草种名称、扦样日期、被检草种的数量、种子批号、检验结果等有关内容。

《草种质量检验报告》由持证上岗的草种检验员填写，检验机构负责人签发，加盖检验机构检验专用章。

第四十二条 被抽查人对检验结果有异议的，应当在接到检验结果通知之日起15日内，向下达任务的草原行政主管部门提出书面的复检申请。逾期未申请的，视为认可检验结果。

收到复检申请的草原行政主管部门应当进行审查，需要复检的，应当及时安排。

第四十三条 禁止生产和经营假、劣草种。

下列草种为假草种：

（一）以非草种冒充草种或者以此品种草种冒充他品种草种的；

（二）草种种类、品种、产地与标签标注的内容不符的。

下列草种为劣草种：

（一）质量低于国家规定的种用标准的；

（二）质量低于标签标注指标的；

（三）因变质不能作草种使用的；

（四）杂草种子的比率超过规定的；

（五）带有国家规定检疫对象的。

第四十四条 生产、经营的草种应当按照有关植物检疫法律、法规的规定进行检疫，防止植物危险性病、虫、杂草及其他有害生物的传播和蔓延。

禁止任何单位和个人在草种生产基地从事病虫害接种试验。

第七章 进出口管理

第四十五条 从事草种进出口业务的单位，除具备草种经营许可证以外，还应当依照国家外贸法律、法规的有关规定取得从事草种进出口贸易的资格。

第四十六条 草种进出口实行审批制度。

申请进出口草种的单位和个人，应当填写《进（出）口草种审批表》，经省级人民政府草原行政主管部门批准后，依法办理进出口手续。

草种进出口审批单有效期为3个月。

第四十七条 进出口草种应当符合下列条件：

（一）草种质量达到国家标准；

（二）草种名称、数量、原产地等相关证明真实完备；

（三）不属于国家禁止进出口的草种。

申请进出口草种的单位和个人应当提供以下材料：

（一）《草种经营许可证》、营业执照副本和进出口贸易资格证明；

（二）草种名称、数量、原产地证明材料；

（三）引进草品种的国外审定证书或品种登记名录。

第四十八条 为境外制种进口草种的，可以不受本办法第四十五条限制，但应当具有对外制种合同。进口的种子只能用于制种，其产品不得在国内销售。

从境外引进试验用草种，应当隔离栽培，收获的种子不得作为商品出售。

第八章 附 则

第四十九条 违反本办法规定的，依照《中华人民共和国种子法》和《中华人民共和国草原法》的有关规定予以处罚。

第五十条 转基因草品种的选育、试验、推广、生产、加工、经营和进出口活动的管理，还应当遵守《农业转基因生物安全管理条例》的规定。

第五十一条 采集、采挖、向境外提供以及从境外引进属于列入国家重点保护野生植物名录的草种质资源，除按本办法办理审批手续外，还应按照《中华人民共和国野生植物保护条例》和《农业野生植物保护办法》的规定，办理相关审批手续。

  第五十二条 本办法所称主要草种，是指苜蓿、沙打旺、锦鸡儿、红豆草、三叶草、岩黄芪、柱花草、狼尾草、老芒麦、冰草、羊草、羊茅、鸭茅、碱茅、披碱草、胡枝子、小冠花、无芒雀麦、燕麦、小黑麦、黑麦草、苏丹草、草木樨、早熟禾等以及各省、自治区、直辖市人民政府草原行政主管部门分别确定的其他2至3种草种。

  本办法所称草种不含饲用玉米、饲用高粱等大田农作物。

  第五十三条 本办法自2006年3月1日起施行。1984年10月25日农牧渔业部颁发的《牧草种子暂行管理办法（试行）》同时废止。

草品种审定管理规定

中华人民共和国农业部公告
第 1605 号

为加强草品种审定管理工作,根据《中华人民共和国草原法》、《中华人民共和国种子法》和农业部《草种管理办法》有关规定,我部制定了《草品种审定管理规定》,现予公布。

2011 年 7 月 7 日

第一章 总 则

第一条 为科学、公正、及时地审定草品种,根据《中华人民共和国草原法》第二十九条、《中华人民共和国种子法》第十五条和第七十六条以及农业部《草种管理办法》有关规定,制定本规定。

第二条 本规定适用于在中华人民共和国境内的草品种审定活动。

第三条 本规定所称草品种,包括育成品种、地方品种、野生栽培品种和国外引进品种。

第二章 全国草品种审定委员会

第四条 全国草品种审定委员会(以下简称委员会)是农业部设立的负责全国新草品种审定的工作机构。根据需要,委员会可下设相关专业委员会。

第五条 委员会成员由科研、教学、生产、推广、管理等方面具有高级专业技术职称或处级以上职务的专业人员组成，新增委员年龄一般在55岁以下。

委员会换届时，由本届委员会提出下一届委员建议名单，报农业部审核聘任，每届任期5年。

第六条 委员会办公室设在全国畜牧总站，承担日常工作。办公室主任由全国畜牧总站主管领导兼任，副主任由农业部畜牧业司草原处处长和全国畜牧总站草业处处长兼任。

第三章 申请和受理

第七条 申报育成品种者，直接向委员会提出申请；申报地方品种和野生栽培品种者，须经种源地省级草原行政主管部门审核同意；申报国外引进品种者，须提供外国登记证书（或公布的品种名录）和品种权人授权在中国申请草品种登记的证明文件。

在中国没有经常居所或者营业场所的外国公民、外国企业或外国其他组织在中国申请草品种审定的，应委托具有法人资格的中国草种科研、生产、经验机构代理。

第八条 申请审定的草品种，应符合《草品种审定技术规程》规定的条件。品种比较试验和生产试验由申报者自行安排，品种抗性由委员会指定专业机构检测，区域试验由委员会办公室统一安排。

申请转基因草品种的申报者，还应提供农业部农业转基因生物安全管理办公室颁发的农业转基因生物安全证书。

第九条 申报者按照委员会办公室关于年度全国草品种审定申报通知要求申报。

第十条 委员会办公室在申报截止日后10个工作日内进行形式初审，对初审合格的进行公示，公示期为15个工作日。公示结束后，委员会作出受理或不受理的决定，并通知申报者。

第四章　审定和公告

第十一条　草品种审定标准，依据《草品种审定技术规程》执行。

第十二条　委员会以会议方式进行审定。审定会议采用无记名投票方式表决，到会委员达到委员总数 2/3 以上时，会议表决有效。经到会委员 2/3 以上表决通过的品种，予以登记。

第十三条　草品种审定实行回避制度。

申报者或者相关利害关系人认为参加审定的委员可能影响审定结果公正的，可以向委员会提出回避请求，委员会正、副主任研究确定是否回避。参加审定会议的委员与被审定品种有利害关系的，应自行提出回避申请，由主持会议的主任或副主任确定是否回避。

第十四条　通过审定的品种，由委员会进行编号登记，颁发《中国草品种审定登记证书》，对育成品种同时发放《中国新草品种证书》。

通过审定登记的品种，由委员会提出品种审定意见。

通过审定的品种，委员会上报农业部公告。公告内容包括品种名称、申报类别、申报单位、申报者、用途及适应地区等。

第十五条　审定未通过的，在审定结束后 30 个工作日内由委员会办公室书面通知申报者，说明理由。

第十六条　通过审定的品种，由申报者提供一定数量的种子或种茎，交由委员会指定的种质资源保护单位保存，作为品种真实性和基因纯度鉴定的标准样品。

第十七条　通过审定登记的品种在使用过程中如发现有严重缺陷、种性退化、安全隐患或者其他原因，不宜在生产上继续使用的，由委员会提出撤销登记的建议，经农业部审核同意后公告。其登记名称和登记编号同时废止。

第五章　监督管理

第十八条　未经申报者同意，任何人不得扩散申报者申报审定品种的种子或种茎。

第十九条　委员在审定工作中弄虚作假、徇私舞弊、滥用职权、玩忽职守的，撤销委员资格。造成损失的，应承担赔偿责任；违法者依法追究其法律责任。

第二十条　申报者对其申请材料实质内容的真实性负责，对隐瞒有关情况或者提供虚假材料的，三年内不受理其申请。

第二十一条　在品种区域试验和审定工作中成绩显著的单位和个人，由委员会建议农业部给予表彰或奖励。

第六章　附　则

第二十二条　本规定自发布之日起执行。1986年6月10日原农牧渔业部畜牧局颁发的《全国牧草饲料作物品种审定标准及办法》同时废止。

农作物种子生产经营许可管理办法

中华人民共和国农业部令
2016年第5号

《农作物种子生产经营许可管理办法》已经农业部2016年第6次常务会议审议通过，现予公布，自2016年8月15日起施行。

农业部部长
2016年7月8日

第一章 总 则

第一条 为加强农作物种子生产经营许可管理，规范农作物种子生产经营秩序，根据《中华人民共和国种子法》，制定本办法。

第二条 农作物种子生产经营许可证的申请、审核、核发和监管，适用本办法。

第三条 县级以上人民政府农业主管部门按照职责分工，负责农作物种子生产经营许可证的受理、审核、核发和监管工作。

第四条 负责审核、核发农作物种子生产经营许可证的农业主管部门，应当将农作物种子生产经营许可证的办理条件、程序等在办公场所公开。

第五条 农业主管部门应当按照保障农业生产安全、提升农作物品种选育和种子生产经营水平、促进公平竞争、强化事中事后监管的原则，依法加强农作物种子生产经营许可管理。

第二章　申请条件

第六条　申请领取种子生产经营许可证的企业,应当具有与种子生产经营相适应的设施、设备、品种及人员,符合本办法规定的条件。

第七条　申请领取主要农作物常规种子或非主要农作物种子生产经营许可证的企业,应当具备以下条件:

(一)基本设施。生产经营主要农作物常规种子的,具有办公场所150平方米以上、检验室100平方米以上、加工厂房500平方米以上、仓库500平方米以上;生产经营非主要农作物种子的,具有办公场所100平方米以上、检验室50平方米以上、加工厂房100平方米以上、仓库100平方米以上;

(二)检验仪器。具有净度分析台、电子秤、样品粉碎机、烘箱、生物显微镜、电子天平、扦样器、分样器、发芽箱等检验仪器,满足种子质量常规检测需要;

(三)加工设备。具有与其规模相适应的种子加工、包装等设备。其中,生产经营主要农作物常规种子的,应当具有种子加工成套设备,生产经营常规小麦种子的,成套设备总加工能力10吨/小时以上;生产经营常规稻种子的,成套设备总加工能力5吨/小时以上;生产经营常规大豆种子的,成套设备总加工能力3吨/小时以上;生产经营常规棉花种子的,成套设备总加工能力1吨/小时以上;

(四)人员。具有种子生产、加工贮藏和检验专业技术人员各2名以上;

(五)品种。生产经营主要农作物常规种子的,生产经营的品种应当通过审定,并具有1个以上与申请作物类别相应的审定品种;生产经营登记作物种子的,应当具有1个以上的登记品种。生

产经营授权品种种子的,应当征得品种权人的书面同意;

(六)生产环境。生产地点无检疫性有害生物,并具有种子生产的隔离和培育条件;

(七)农业部规定的其他条件。

第八条 申请领取主要农作物杂交种子及其亲本种子生产经营许可证的企业,应当具备以下条件:

(一)基本设施。具有办公场所 200 平方米以上、检验室 150 平方米以上、加工厂房 500 平方米以上、仓库 500 平方米以上;

(二)检验仪器。除具备本办法第七条第二项规定的条件外,还应当具有 PCR 扩增仪及产物检测配套设备、酸度计、高压灭菌锅、磁力搅拌器、恒温水浴锅、高速冷冻离心机、成套移液器等仪器设备,能够开展种子水分、净度、纯度、发芽率四项指标检测及品种分子鉴定;

(三)加工设备。具有种子加工成套设备,生产经营杂交玉米种子的,成套设备总加工能力 10 吨/小时以上;生产经营杂交稻种子的,成套设备总加工能力 5 吨/小时以上;生产经营其他主要农作物杂交种子的,成套设备总加工能力 1 吨/小时以上;

(四)人员。具有种子生产、加工贮藏和检验专业技术人员各 5 名以上;

(五)品种。生产经营的品种应当通过审定,并具有自育品种或作为第一选育人的审定品种 1 个以上,或者合作选育的审定品种 2 个以上,或者受让品种权的品种 3 个以上。生产经营授权品种种子的,应当征得品种权人的书面同意;

(六)具有本办法第七条第六项规定的条件;

(七)农业部规定的其他条件。

第九条 申请领取实行选育生产经营相结合、有效区域为全国的种子生产经营许可证的企业,应当具备以下条件:

(一)基本设施。具有办公场所 500 平方米以上,冷藏库 200 平方米以上。生产经营主要农作物种子或马铃薯种薯的,具有检验室 300 平方米以上;生产经营其他农作物种子的,具有检验室 200 平方米以上。生产经营杂交玉米、杂交稻、小麦种子或马铃薯种薯的,具有加工厂房 1000 平方米以上、仓库 2000 平方米以上;生产经营棉花、大豆种子的,具有加工厂房 500 平方米以上、仓库 500 平方米以上;生产经营其他农作物种子的,具有加工厂房 200 平方米以上、仓库 500 平方米以上;

(二)育种机构及测试网络。具有专门的育种机构和相应的育种材料,建有完整的科研育种档案。生产经营杂交玉米、杂交稻种子的,在全国不同生态区有测试点 30 个以上和相应的播种、收获、考种设施设备;生产经营其他农作物种子的,在全国不同生态区有测试点 10 个以上和相应的播种、收获、考种设施设备;

(三)育种基地。具有自有或租用(租期不少于 5 年)的科研育种基地。生产经营杂交玉米、杂交稻种子的,具有分布在不同生态区的育种基地 5 处以上、总面积 200 亩以上;生产经营其他农作物种子的,具有分布在不同生态区的育种基地 3 处以上、总面积 100 亩以上;

(四)科研投入。在申请之日前 3 年内,年均科研投入不低于年种子销售收入的 5%,同时,生产经营杂交玉米种子的,年均科研投入不低于 1500 万元;生产经营杂交稻种子的,年均科研投入不低于 800 万元;生产经营其他种子的,年均科研投入不低于 300 万元;

(五)品种。生产经营主要农作物种子的,生产经营的品种应当通过审定,并具有相应作物的作为第一育种者的国家级审定品种 3 个以上,或者省级审定品种 6 个以上(至少包含 3 个省份审定通过),或者国家级审定品种 2 个和省级审定品种 3 个以上,或者国家级审定品种 1 个和省级审定品种 5 个以上。生产经营杂交稻种子同时生产经营常规稻种子的,除具有杂交稻要求的品种条件外,还应当具有常规稻的作为第一育种者的国家级审定品种 1 个以上或者省级审定品种 3 个以上。生产经营非主要农作物种子的,应当具有相应作物的以本企业名义单独申请获得植物新品种权的品种 5 个以上。生产经营授权品种种子的,应当征得品种权人的书面同意;

(六)生产规模。生产经营杂交玉米种子的,近 3 年年均种子生产面积 2 万亩以上;生产经营杂交稻种子的,近 3 年年均种子生产面积 1 万亩以上;生产经营其他农作物种子的,近 3 年年均种子生产的数量不低于该类作物 100 万亩的大田用种量;

(七)种子经营。具有健全的销售网络和售后服务体系。生产经营杂交玉米种子的,在申请之日前 3 年内至少有 1 年,杂交玉米种子销售额 2 亿元以上或占该类种子全国市场份额的 1% 以上;生产经营杂交稻种子的,在申请之日前 3 年内至少有 1 年,杂交稻种子销售额 1.2 亿元以上或占该类种子全国市场份额的 1% 以上;生产经营蔬菜种子的,在申请之日前 3 年内至少有 1 年,蔬菜种子销售额 8000 万元以上或占该类种子全国市场份额的 1% 以上;生产经营其他农作物种子的,在申请之日前 3 年内至少有 1 年,其种子销售额占该类种子全国市场份额的 1% 以上;

(八)种子加工。具有种子加工成套设备,生产经营杂交玉米、小麦种子的,总加工能力 20 吨/小时以上;生产经营杂交稻种子的,总加工能力 10 吨/小时以上(含窝眼清选设备);生产经营大豆种子的,总加工能力 5 吨/小时以上;生产经营其他农作物种子的,总加工能力 1 吨/小时以上。生产经营杂交玉米、杂交稻、小麦种子的,还应当具有相应的干燥设备;

(九)人员。生产经营杂交玉米、杂交稻种子的,具有本科以上学历或中级以上职称的专业育种人员 10 人以上;生产经营其他农作物种子的,具有本科以上学历或中级以上职称的专业育种人员6人以上。生产经营主要农作物种子的,具有专职的种子生产、加工贮藏和检验专业技术人员各5名以上;生产经营非主要农作物种子的,具有专职的种子生产、加工贮藏和检验专业技术人员各3名以上;

(十)具有本办法第七条第六项、第八条第二项规定的条件;

(十一)农业部规定的其他条件。

第十条 从事种子进出口业务的企业和外商投资企业申请领取种子生产经营许可证,除具备本办法规定的相应农作物种子生产经营许可证核发的条件外,还应当符合有关法律、行政法规规定的其他条件。

第十一条 申请领取种子生产经营许可证,应当提交以下材料:

(一)种子生产经营许可证申请表(式样见附件1);

(二)单位性质、股权结构等基本情况,公司章程、营业执照复印件,设立分支机构、委托生产种子、委托代销种子以及以购销方式销售种子等情况说明;

(三)种子生产、加工贮藏、检验专业技术人员的基本情况及其企业缴纳的社保证明复印件,企业法定代表人和高级管理人员名单及其种业从业简历;

(四)种子检验室、加工厂房、仓库和其他设施的自有产权或自有资产的证明材料;办公场所自有产权证明复印件或租赁合同;种子检验、加工等设备清单和购置发票复印件;相关设施设备的情况说明及实景照片;

(五)品种审定证书复印件;生产经营授权品种种子的,提交植物新品种权证书复印件及品种权人的书面同意证明;

(六)委托种子生产合同复印件或自行组织种子生产的情况说

明和证明材料；

（七）种子生产地点检疫证明；

（八）农业部规定的其他材料。

第十二条 申请领取选育生产经营相结合、有效区域为全国的种子生产经营许可证，除提交本办法第十一条所规定的材料外，还应当提交以下材料：

（一）自有科研育种基地证明或租用科研育种基地的合同复印件；

（二）品种试验测试网络和测试点情况说明，以及相应的播种、收获、烘干等设备设施的自有产权证明复印件及实景照片；

（三）育种机构、科研投入及育种材料、科研活动等情况说明和证明材料，育种人员基本情况及其企业缴纳的社保证明复印件；

（四）近三年种子生产地点、面积和基地联系人等情况说明和证明材料；

（五）种子经营量、经营额及其市场份额的情况说明和证明材料；

（六）销售网络和售后服务体系的建设情况。

第三章　受理、审核与核发

第十三条 种子生产经营许可证实行分级审核、核发。

（一）从事主要农作物常规种子生产经营及非主要农作物种子经营的，其种子生产经营许可证由企业所在地县级以上地方农业主管部门核发；

（二）从事主要农作物杂交种子及其亲本种子生产经营以及实行选育生产经营相结合、有效区域为全国的种子企业，其种子生产经营许可证由企业所在地县级农业主管部门审核，省、自治区、直辖市农业主管部门核发；

(三) 从事农作物种子进出口业务的,其种子生产经营许可证由企业所在地省、自治区、直辖市农业主管部门审核,农业部核发。

第十四条 农业主管部门对申请人提出的种子生产经营许可申请,应当根据下列情况分别作出处理:

(一) 不需要取得种子生产经营许可的,应当即时告知申请人不受理;

(二) 不属于本部门职权范围的,应当即时作出不予受理的决定,并告知申请人向有关部门申请;

(三) 申请材料存在可以当场更正的错误的,应当允许申请人当场更正;

(四) 申请材料不齐全或者不符合法定形式的,应当当场或者在五个工作日内一次告知申请人需要补正的全部内容,逾期不告知的,自收到申请材料之日起即为受理;

(五) 申请材料齐全、符合法定形式,或者申请人按照要求提交全部补正申请材料的,应当予以受理。

第十五条 审核机关应当对申请人提交的材料进行审查,并对申请人的办公场所和种子加工、检验、仓储等设施设备进行实地考察,查验相关申请材料原件。

审核机关应当自受理申请之日起二十个工作日内完成审核工作。具备本办法规定条件的,签署审核意见,上报核

发机关;审核不予通过的,书面通知申请人并说明理由。

第十六条 核发机关应当自受理申请或收到审核意见之日起二十个工作日内完成核发工作。核发机关认为有必要的,可以进行实地考察并查验原件。符合条件的,发给种子生产经营许可证并予公告;不符合条件的,书面通知申请人并说明理由。

选育生产经营相结合、有效区域为全国的种子生产经营许可证,核发机关应当在核发前在中国种业信息网公示五个工作日。

第四章 许可证管理

第十七条 种子生产经营许可证设主证、副证（式样见附件2）。主证注明许可证编号、企业名称、统一社会信用代码、住所、法定代表人、生产经营范围、生产经营方式、有效区域、有效期至、发证机关、发证日期；副证注明生产种子的作物种类、种子类别、品种名称及审定（登记）编号、种子生产地点等内容。

（一）许可证编号为"＿（xxxx）农种许字（xxxx）第xxxx号"。"＿"上标注生产经营类型，A为实行选育生产经营相结合，B为主要农作物杂交种子及其亲本种子，C为其他主要农作物种子，D为非主要农作物种子，E为种子进出口，F为外商投资企业；第一个括号内为发证机关所在地简称，格式为"省地县"；第二个括号内为首次发证时的年号；"第xxxx号"为四位顺序号；

（二）生产经营范围按生产经营种子的作物名称填写，蔬菜、花卉、麻类按作物类别填写；

（三）生产经营方式按生产、加工、包装、批发、零售或进出口填写；

（四）有效区域。实行选育生产经营相结合的种子生产经营许可证的有效区域为全国。其他种子生产经营许可证的有效区域由发证机关在其管辖范围内确定；

（五）生产地点为种子生产所在地，主要农作物杂交种子标注至县级行政区域，其他作物标注至省级行政区域。

种子生产经营许可证加注许可信息代码。许可信息代码应当包括种子生产经营许可相关内容，由发证机关打印许可证书时自动生成。

第十八条 种子生产经营许可证载明的有效区域是指企业设立分支机构的区域。

种子生产地点不受种子生产经营许可证载明的有效区域限制，由发证机关根据申请人提交的种子生产合同复印件及无检疫性有害生物证明确定。

种子销售活动不受种子生产经营许可证载明的有效区域限制，但种子的终端销售地应当在品种审定、品种登记或标签标注的适宜区域内。

第十九条 种子生产经营许可证有效期为五年。

在有效期内变更主证载明事项的，应当向原发证机关申请变更并提交相应材料，原发证机关应当依法进行审查，办理变更手续。

在有效期内变更副证载明的生产种子的品种、地点等事项的，应当在播种三十日前向原发证机关申请变更并提交相应材料，申请材料齐全且符合法定形式的，原发证机关应当当场予以变更登记。

种子生产经营许可证期满后继续从事种子生产经营的，企业应当在期满六个月前重新提出申请。

第二十条 在种子生产经营许可证有效期内，有下列情形之一的，发证机关应当注销许可证，并予以公告：

（一）企业停止生产经营活动一年以上的；

（二）企业不再具备本办法规定的许可条件，经限期整改仍达不到要求的。

第五章　监督检查

第二十一条 有下列情形之一的，不需要办理种子生产经营许可证：

（一）农民个人自繁自用常规种子有剩余，在当地集贸市场上出售、串换的；

（二）在种子生产经营许可证载明的有效区域设立分支机构的；

（三）专门经营不再分装的包装种子的；

（四）受具有种子生产经营许可证的企业书面委托生产、代销其种子的。

前款第一项所称农民，是指以家庭联产承包责任制的形式签订农村土地承包合同的农民；所称当地集贸市场，是指农民所在的乡（镇）区域。农民个人出售、串换的种子数量不应超过其家庭联产承包土地的年度用种量。违反本款规定出售、串换种子的，视为无证生产经营种子。

第二十二条　种子生产经营者在种子生产经营许可证载明有效区域设立的分支机构，应当在取得或变更分支机构营业执照后十五个工作日内向当地县级农业主管部门备案。备案时应当提交分支机构的营业执照复印件、设立企业的种子生产经营许可证复印件以及分支机构名称、住所、负责人、联系方式等材料（式样见附件3）。

第二十三条　专门经营不再分装的包装种子或者受具有种子生产经营许可证的企业书面委托代销其种子的，应当在种子销售前向当地县级农业主管部门备案，并建立种子销售台账。备案时应当提交种子销售者的营业执照复印件、种子购销凭证或委托代销合同复印件，以及种子销售者名称、住所、经营方式、负责人、联系方式、销售地点、品种名称、种子数量等材料（式样见附件4）。种子销售台账应当如实记录销售种子的品种名称、种子数量、种子来源和种子去向。

第二十四条　受具有种子生产经营许可证的企业书面委托生产其种子的，应当在种子播种前向当地县级农业主管部门备案。备案时应当提交委托企业的种子生产经营许可证复印件、委托生产合同，以及种子生产者名称、住所、负责人、联系方式、品种名称、生产地点、生产面积等材料（式样见附件5）。受托生产杂交玉米、杂交稻种子的，还应当提交与生产所在地农户、农民合作组织或村委会的生产协议。

第二十五条 种子生产经营者应当建立包括种子田间生产、加工包装、销售流通等环节形成的原始记载或凭证的种子生产经营档案,具体内容如下:

(一)田间生产方面:技术负责人,作物类别、品种名称、亲本(原种)名称、亲本(原种)来源、生产地点、生产面积、播种日期、隔离措施、产地检疫、收获日期、种子产量等。委托种子生产的,还应当包括种子委托生产合同。

(二)加工包装方面:技术负责人,品种名称、生产地点,加工时间、加工地点、包装规格、种子批次、标签标注、入库时间、种子数量、质量检验报告等。

(三)流通销售方面:经办人、种子销售对象姓名及地址、品种名称、包装规格、销售数量、销售时间、销售票据。批量购销的,还应包括种子购销合同。

种子生产经营者应当至少保存种子生产经营档案五年,确保档案记载信息连续、完整、真实,保证可追溯。档案材料含有复印件的,应当注明复印时间并经相关责任人签章。

第二十六条 种子生产经营者应当按批次保存所生产经营的种子样品,样品至少保存该类作物两个生产周期。

第二十七条 申请人故意隐瞒有关情况或者提供虚假材料申请种子生产经营许可证的,农业主管部门应当不予许可,并将申请人的不良行为记录在案,纳入征信系统。申请人在一年内不得再次申请种子生产经营许可证。

申请人以欺骗、贿赂等不正当手段取得种子生产经营许可证的,农业主管部门应当撤销种子生产经营许可证,并将申请人的不良行为记录在案,纳入征信系统。申请人在三年内不得再次申请种子生产经营许可证。

第二十八条 农业主管部门应当对种子生产经营行为进行监督

检查，发现不符合本办法的违法行为，按照《中华人民共和国种子法》有关规定进行处理。

核发、撤销、吊销、注销种子生产经营许可证的有关信息，农业主管部门应当依法予以公布，并在中国种业信息网上及时更新信息。

对管理过程中获知的种子生产经营者的商业秘密，农业主管部门及其工作人员应当依法保密。

第二十九条 上级农业主管部门应当对下级农业主管部门的种子生产经营许可行为进行监督检查。有下列情形的，责令改正，对直接负责的主管人员和其他直接责任人依法给予行政处分；构成犯罪的，依法移送司法机关追究刑事责任：

（一）未按核发权限发放种子生产经营许可证的；

（二）擅自降低核发标准发放种子生产经营许可证的；

（三）其他未依法核发种子生产经营许可证的。

第六章 附 则

第三十条 本办法所称种子生产经营，是指种植、采收、干燥、清选、分级、包衣、包装、标识、贮藏、销售及进出口种子的活动；种子生产是指繁（制）种的种植、采收的田间活动。

第三十一条 本办法所称种子加工成套设备，是指主机和配套系统相互匹配并固定安装在加工厂房内，实现种子精选、包衣、计量和包装基本功能的加工系统。主机主要包括风筛清选机（风选部分应具有前后吸风道，双沉降室；筛选部分应具有三层以上筛片）、比重式清选机和电脑计量包装设备；配套系统主要包括输送系统、储存系统、除尘系统、除杂系统和电控系统。

第三十二条 本办法规定的科研育种、生产、加工、检验、贮藏等设施设备，应为申请企业自有产权或自有资产，或者为其绝对控股子公司的自有产权或自有资产。办公场所应在种子生产经营许可证核发机关所辖行政区域，可以租赁。对申请企业绝对控股子公司的自有品种可以视为申请企业的自有品种。申请企业的绝对控股子公司不可重复利用上述办证条件申请办理种子生产经营许可证。

第三十三条　本办法所称不再分装的包装种子，是指按有关规定和标准包装的、不再分拆的最小包装种子。分装种子的，应当取得种子生产经营许可证，保证种子包装的完整性，并对其所分装种子负责。

有性繁殖作物的籽粒、果实，包括颖果、荚果、蒴果、核果等以及马铃薯微型脱毒种薯应当包装。无性繁殖的器官和组织、种苗以及不宜包装的非籽粒种子可以不包装。

种子包装应当符合有关国家标准或者行业标准。

第三十四条　转基因农作物种子生产经营许可管理规定，由农业部另行制定。

第三十五条　申请领取鲜食、爆裂玉米的种子生产经营许可证的，按非主要农作物种子的许可条件办理。

第三十六条　生产经营无性繁殖的器官和组织、种苗、种薯以及不宜包装的非籽粒种子的，应当具有相适应的设施、设备、品种及人员，具体办法由省级农业主管部门制定，报农业部备案。

第三十七条　没有设立农业主管部门的行政区域，种子生产经营许可证由上级行政区域农业主管部门审核、核发。

第三十八条　种子生产经营许可证由农业部统一印制，相关表格格式由农业部统一制定。种子生产经营许可证的申请、受理、审核、核发和打印，以及种子生产经营备案管理，在中国种业信息网统一进行。

第三十九条　本办法自2016年8月15日起施行。农业部2011年8月22日公布、2015年4月29日修订的《农作物种子生产经营许可管理办法》（农业部令2011年第3号）和2001年2月26日公布的《农作物商品种子加工包装规定》（农业部令第50号）同时废止。

本办法施行之日前已取得的农作物种子生产、经营许可证有效期不变，有效期在本办法发布之日至2016年8月15日届满的企业，其原有种子生产、经营许可证的有效期自动延展至2016年12月31日。

本办法施行之日前已取得农作物种子生产、经营许可证且在有效期内，申请变更许可证载明事项的，按本办法第十三条规定程序办理。

附件：1. 农作物种子生产经营许可证申请表（式样）（略）
2. 农作物种子生产经营许可证（式样）（略）
3. 农作物种子生产经营备案表（分支机构）（式样）（略）
4. 农作物种子生产经营备案表（经营代销种子/经营不分装种子）（式样）（略）
5. 农作物种子生产经营备案表（种子生产者）（式样）（略）

林木种子生产经营许可证管理办法

中华人民共和国国家林业局令

第 40 号

《林木种子生产经营许可证管理办法》已经 2016 年 4 月 11 日国家林业局局务会议审议通过，现予公布，自 2016 年 6 月 1 日起施行。

国家林业局局长
2016 年 4 月 19 日

第一章 总 则

第一条 为了规范林木种子生产经营许可证的管理，根据《中华人民共和国种子法》、《中华人民共和国行政许可法》的有关规定，制定本办法。

第二条 在中华人民共和国境内从事林木种子生产经营许可证的申请、审核、核发和管理等活动，适用本办法。

本办法所称林木种子生产经营许可证，是指县级以上人民政府林业主管部门核发的准予从事林木种子生产经营活动的证件。

第三条 本办法所称林木种子是指林木的种植材料（苗木）或者繁殖材料，具体是指乔木、灌木、藤本、竹类、花卉以及绿化和药用草本植物的籽粒、果实、根、茎、苗、芽、叶、花等。

第四条 从事林木种子经营和主要林木种子生产的单位和个人应当取得林木种子生产经营许可证，按照林木种子生产经营许可证载明的事项从事生产经营活动。

第五条 县级以上人民政府林业主管部门负责林木种子生产经营许可证的审核、核发和管理工作，具体工作可以由其委托的林木种苗管理机构负责。

第二章 申 请

第六条 从事林木种子经营和主要林木种子生产的单位和个人，应当向县级以上人民政府林业主管部门申请林木种子生产经营许可证。

第七条 申请林木种子生产经营许可证的单位和个人，应当提交下列材料：

（一）林木种子生产经营许可证申请表。

（二）营业执照或者法人证书复印件、身份证件复印件；单位还应当提供章程。

（三）经营场所、生产用地权属证明材料以及生产用地的用途证明材料。

（四）林木种子生产、加工、检验、储藏等设施和仪器设备的所有权或者使用权说明材料以及照片。

（五）林木种子生产、检验、加工、储藏等技术人员基本情况的说明材料以及劳动合同。

第八条 申请林木种子生产经营许可证属于下列情形的，申请人还应当提交下列材料：

（一）从事林木种子生产的，应当提供生产地点无检疫性有害生物证明。其中从事籽粒、果实等有性繁殖材料生产的，还应当提供具有安全隔离条件的说明材料、县级以上人民政府林业主管部门确定的采种林分证明以及照片。

（二）从事具有植物新品种权林木种子生产经营的，应当提供品种权人的书面同意或者国务院林业主管部门品种权转让公告、强制许可决定。

（三）从事林木良种种子生产经营的，应当提供林木良种证明材料。

（四）实行选育生产经营相结合的，应当提供育种科研团队、试验示范测试基地以及自主研发的林木品种等相关证明材料。

（五）生产经营引进外来林木品种种子的，应当提交引种成功的证明材料。

（六）从事林木种子进出口业务的，应当提供按照国家有关规定取得的种子进出口许可证明。

（七）从事转基因林木种子生产经营的，应当提供转基因林木安全证书。

第三章 审核和核发

第九条 申请林木种子进出口业务的林木种子生产经营许可证的，申请人应当向省、自治区、直辖市人民政府林业主管部门提出申请，经省、自治区、直辖市人民政府林业主管部门审核后，由国务院林业主管部门核发。

申请林木良种种子的生产经营和选育生产经营相结合的林木种子生产经营许可证的，申请人应当向所在地县级人民政府林业主管部门提出申请，经县级人民政府林业主管部门审核后，由省、自治区、直辖市人民政府林业主管部门核发。

申请前两款以外的其他林木种子生产经营许可证的，由生产经营者所在地县级以上地方人民政府林业主管部门核发。

只从事非主要林木种子生产的，不需办理林木种子生产经营许可证。

第十条 申请林木种子生产经营许可证的，应当具备下列条件：

（一）具有与林木种子生产经营的种类和数量相适应的生产经营场所。从事籽粒、果实等有性繁殖材料生产的，必须具有晒场、种子库。

（二）具有与林木种子生产经营的种类和数量相适应的设施、设备等。从事籽粒、果实等有性繁殖材料生产的，必须具有种子烘干、风选、精选机等生产设备和恒温培养箱、光照培养箱、干燥箱、扦样器、天平、电冰箱等种子检验仪器设备。

（三）具有林木种子相关专业中专以上学历、初级以上技术职称或者同等技术水平的生产、检验、加工、储藏等技术人员。

第十一条　申请林木种子生产经营许可证从事籽粒、果实等有性繁殖材料生产的，除第十条规定外，还应当具备下列条件：

（一）具有繁殖种子的隔离和培育条件。

（二）具有无检疫性有害生物的生产地点或者县级以上人民政府林业主管部门确定的采种林。

申请林木种子生产经营许可证从事苗木生产的，除第十条规定外，还应当具有无检疫性有害生物的生产地点。

第十二条　负责审核的林业主管部门应当自受理申请之日起二十个工作日内完成审查；负责核发的林业主管部门应当自受理申请或者收到审查材料之日起二十个工作日内作出行政许可决定，并将行政许可决定抄送负责审核的林业主管部门。二十个工作日内不能作出行政许可决定的，经本级林业主管部门负责人批准，可以延长十个工作日，并应当将延长期限的理由告知申请人。

核发林木种子生产经营许可证需要组织检验检测的，应当自受理之日起五个工作日内书面告知申请人。检验检测所需时间不得超过六十日。

检验检测所需时间不计入核发林木种子生产经营许可证工作日之内。

第十三条 对申请材料齐全、符合第十条以及第十一条规定条件的,林业主管部门应当核发林木种子生产经营许可证。对不符合第十条、第十一条规定条件的,林业主管部门应当作出不予核发林木种子生产经营许可证的行政许可决定,并告知不予许可的理由。

第十四条 林木种子生产经营许可证有效期限为五年,地方性法规、政府规章另有规定的除外。

第十五条 林木种子生产经营许可证有效期届满需要延续的,生产经营者应当在有效期届满三十日前向原发证机关提出延续的书面申请。申请者应当提交林木种子生产经营许可证延续申请表和上一年度生产经营情况说明。

林木种子生产经营许可证损坏、遗失的,生产经营者应当在有效期届满前向原发证机关提出补发的书面申请并说明理由,同时将已损坏的林木种子生产经营许可证交回原发证机关。

原发证机关应当根据申请,在林木种子生产经营许可证有效期届满前作出是否准予延期或者补发的决定。

第十六条 林木种子生产经营许可证应当载明生产经营者名称、地址、法定代表人、生产经营种类、生产地点、有效期限、有效区域等事项。

从事林木良种种子生产经营的,林木种子生产经营许可证应当载明审(认)定的林木良种名称、编号。

林木种子生产经营许可证注明事项发生变更的,生产经营者应当自变更之日起三十日内,向原发证机关提出变更的书面申请。申请者应当提交变更申请和相应的项目变更证明材料,同时将林木种子生产经营许可证交回原发证机关。

有效期限和有效区域不得申请变更。

第十七条 林木种子生产经营许可证的有效区域由发证机关在其管辖范围内确定。生产经营者在林木种子生产经营许可证载明的有效区域设立分支机构的,专门经营不再分装的包装种子的,或者受具有林木种子生产经营许可证的生产经营者以书面委托生产、代销其种子的,不需要办理林木种子生产经营许可证。但应当在变更营业执照或者获得书面委托后十五日内,将林木种子生产经营许可证复印件、营业执照复印件或者书面委托合同等证明材料报生产经营者所在地县级人民政府林业主管部门备案。

生产经营者在林木种子生产经营许可证载明的有效区域外设立分支机构的,应当重新申请办理林木种子生产经营许可证。

实行选育生产经营相结合的种子企业的林木种子生产经营许可证的有效区域为全国。

第四章　监督管理

第十八条　县级以上人民政府林业主管部门及其工作人员,不得参与和从事林木种子生产经营活动。

第十九条　县级以上人民政府林业主管部门应当按照公开、公平、公正的原则,开展对生产经营者林木种子生产经营活动的监督检查,并将监督检查情况立卷、归档,实行动态监督管理。监督检查的主要内容包括:

(一)开展林木种子生产经营活动情况。

(二)林木种子生产经营档案制度执行情况。

(三)生产经营的林木种子质量情况。

对监督检查中发现的问题,应当按照《中华人民共和国种子法》等规定予以处理。

第二十条　县级以上人民政府林业主管部门应当建立林木种子生产经营许可证管理档案,具体内容包括:申请材料、审核、核发材料及有关法律、法规规定的文件等。

林木种子生产经营许可证管理档案应当从林木种子生产经营许

可证被注销或者自动失效之日起至少保留五年。

省、自治区、直辖市人民政府林业主管部门应当于每年三月底前将上一年度林木种子生产经营许可证管理情况上报国家林业局。

第二十一条 生产经营者应当按照林木种子生产经营许可证的规定进行生产经营,建立林木种子生产经营档案。

第二十二条 申请者故意隐瞒有关情况或者提供虚假材料申请林木种子生产经营许可证的,申请人在一年内不得再次申请林木种子生产经营许可证。

生产经营者以欺骗、贿赂等不正当手段取得林木种子生产经营许可证的,生产经营者在三年内不得再次申请林木种子生产经营许可证。

第二十三条 有下列情形之一的,县级以上人民政府林业主管部门应当注销林木种子生产经营许可证,并予以公告:

(一)林木种子生产经营许可证有效期届满未延续的。

(二)林木种子生产经营许可证被吊销的。

(三)取得林木种子生产经营许可证后,无正当理由满六个月未开展相关生产经营活动或者停止相关生产经营活动满一年的。

(四)生产经营者的营业执照被吊销的。

(五)法律、法规规定的应当注销的其他情形。

第二十四条 林木种子生产经营许可证载明的林木良种被撤销审定或者认定到期的,生产经营者应当自公告发布之日起三十日内到原发证机关申请变更或者注销。

第五章 附 则

第二十五条 本办法中选育生产经营相结合企业,是指同时具备以下三个条件的林木种子生产经营企业:

1. 具有育种科研团队。

2. 具有试验示范测试基地。

3. 具有自主研发的林木品种。

第二十六条 林木种子生产经营许可证和申请表的格式由国家林业局制定。

第二十七条 本办法自2016年6月1日起施行。国家林业局于2002年12月2日发布、2011年1月25日第一次修改、2015年4月30日第二次修改的《林木种子生产、经营许可证管理办法》同时废止。

国家林业局林木种子生产经营许可随机抽查工作细则

国家林业局关于印发《国家林业局林木种子生产经营许可随机抽查工作细则》的通知

林场发〔2016〕185号

各省、自治区、直辖市林业厅（局），内蒙古、吉林、龙江、大兴安岭、长白山森工（林业）集团公司，新疆生产建设兵团林业局，国家林业局各司局、各直属单位：

为加强对林木种子生产经营许可的事中事后监管，创新监管方式，提升监管效能，规范随机抽查，依据《中华人民共和国行政许可法》、《中华人民共和国种子法》、《国务院办公厅关于推广随机抽查规范事中事后监管的通知》（国办发〔2015〕58号）和《林木种子生产经营许可证管理办法》（国家林业局令第40号）的有关规定，我局研究制定了《国家林业局林木种子生产经营许可随机抽查工作细则》（见附件），现予印发。

国家林业局
2016年12月28日

第一条 为加强对林木种子生产经营许可的事中事后监管，创新监管方式，提升监管效能，规范随机抽查，依据《中华人民共和国行政许可法》、《中华人民共和国种子法》、《国务院办公厅关于推广随机抽查规范事中事后监管的通知》和《林木种子生产经营许可证管理办法》，制定本细则。

第二条 本细则所称林木种子生产经营许可随机抽查，是指对领取国家林业局核发的林木种子生产经营许可证（包括林木种子经营许可证）的企业（以下简称"被许可企业"）进行事中事后随机监督检查的活动。

第三条 随机抽查工作的全过程必须符合法律、法规的规定，确保事中事后监管依法有序进行，实现抽查工作公平公正。

第四条 被许可企业均应当接受随机抽查，被抽查的企业和检查人员应当随机产生。

第五条 随机抽查工作的依据、程序、内容、法律责任、处理结果和监督方式等，除依法需要保密的信息以外，应当向全社会公开。

第六条 随机抽查工作应当尽可能减轻企业负担，不得干扰企业正常的生产经营活动。

第七条 国家林业局负责林木种子生产经营许可随机抽查工作，具体工作由国有林场和林木种苗工作总站（以下简称"国家林业局场圃总站"）实施。

国家林业局法制工作机构负责对随机抽查工作进行监督。

第八条 对被许可企业进行监督检查，内容包括：（一）现有资质、条件是否符合国家林业局核发林木种子生产经营许可证的有关规定；（二）是否按照行政许可登记的范围、方式、有效期和生产经营种类等从事林木种子生产经营活动；（三）林木种子生产经营业务登记、档案等制度建立和执行情况；（四）执行包装、标签、广告情况；（五）生产经营的林木种子质量情况；（六）是否有违法或者被处罚记录；（七）其他遵守国家法律、法规、政策的情况。

第九条 国家林业局建立林木种子生产经营许可随机检查人员名录库。名录库人员由国家林业局场圃总站和国家级林木种子质量检验机构有关管理和技术人员组成。

第十条 检查人员名录库应当录入检查人员基本信息、专业信息、检查信息等情况，实行动态管理。

第十一条 国家林业局建立被许可企业名录库，实行动态管理。

第十二条 开展随机抽查工作应当从被许可企业名录库、检查人员名录库中分别随机抽取检查对象和检查人员，检查组必须由2名以上检查人员组成，其中1人应当是国家林业局场圃总站检查人员。抽取结果产生后7日内不实施检查的，抽取结果自动失效，需重新抽取。

第十三条 检查人员与被检查对象有利害关系的，应当依法回避。

第十四条 同一自然年度内，原则上不对同一被抽查对象因同一检查内容实施重复检查。

第十五条 参与随机抽查的有关人员应当对随机配对结果信息保密。实施检查前随机配对的信息不对社会和被抽查对象公开。

第十六条 实施抽查前应当向随机抽中的被检查对象开具《国家林业局随机抽查通知书》，提前3天告知被检查对象。《国家林业局随机抽查通知书》应当包括检查依据、检查时间、检查内容、检查方式等。

第十七条 国家林业局场圃总站每年应当至少开展一次随机抽查，随机抽查比例应当不低于检查对象的3%，抽查工作和下一年度抽查计划应当在每年11月底前完成。

第十八条 因投诉举报、上级机关交办或者开展专项执法行动等监管工作需要，可以不受随机抽查计划和频次的限制。

第十九条 检查人员在检查过程中应当填写随机抽查记录表，如实记录检查情况并签字。随机抽查记录表由企业负责人签字并由企业盖章确认；无法取得签字盖章的，检查人员应当注明原因，并邀请有关人员现场见证。检查时应当采取录音、录像或者拍照等方式记录抽查过程。

第二十条　国家林业局场圃总站可以根据抽查工作需要，依法委托第三方开展检验、检测、鉴定等工作，并承担相关费用。

第二十一条　抽查活动结束后，在20个工作日内形成包括抽查过程、抽查结果等内容的抽查工作报告，经国家林业局场圃总站主要负责人批准后，报国家林业局领导审阅，并将抽查结果及时告知抽查对象。除依法需要保密的信息外，应当根据工作需要将抽查结果抄送各有关部门和向社会公布。

第二十二条　国家林业局场圃总站建立被许可企业高风险市场主体名录，根据随机抽查结果，将生产经营假、劣种子的，以及以欺骗、贿赂等不正当手段取得林木种子生产经营许可证的企业列入高风险市场主体名录，并在国家林业局官网上予以公布。对列入该名录内的企业可加大检查力度。

第二十三条　抽查过程中遇到被抽查对象不予配合的，要告知其履行法定义务。拒绝、阻挠检查人员依法实施监督检查的，要做好记录和留取相关证据，根据具体情形，按照《中华人民共和国种子法》第八十八条的规定追究相关法律责任。抽查对象有以下情形之一的，视为不予配合。

（一）拒绝检查人员进入生产经营场所进行现场检查的；

（二）拒绝检查人员对种子进行取样测试、试验或者检验的；

（三）拒绝检查人员查阅、复制有关合同、票据、账簿、生产经营档案及其他有关资料，或者不如实提供相关资料的；

（四）其他阻挠、妨碍抽查工作正常进行的。

第二十四条　在检查中发现企业有涉嫌违反《中华人民共和国种子法》及有关法规规章规定情形的，应当及时向有关部门移交。

第二十五条　国家林业局场圃总站分年度建立林木种子生产经营许可随机抽查档案，档案应当包括相关文件、随机抽查记录表、抽查工作报告和影音资料等。

第二十六条　被检查企业对抽查结果有异议的，可以向国家林业局场圃总站申请复查。

第二十七条　国家林业局场圃总站接到复查申请后组织复查，并在20个工作日内予以书面答复。复查从检查人员名录库随机抽取检查人员，进行书面审查，必要的时候可现场检查。如情况属实，履行相关审批程序后予以更正。

复查结论不再接受复查申请。

第二十八条　本细则第九条、第十一条规定的被许可企业名录库、检查人员名录库以及随机抽查过程的管理办法由国家林业局场圃总站另行发布。

第二十九条　本细则由国家林业局负责解释。

第三十条　本细则自2017年2月1日起施行，有效期至2021年12月30日。原《国家林业局林木种子经营行政许可监督检查办法》（林策发〔2005〕98号）同时废止。

林木种子质量管理办法

中华人民共和国国家林业局令

第 21 号

《林木种子质量管理办法》已经 2006 年 10 月 12 日国家林业局局务会议审议通过，现予公布，自 2007 年 1 月 1 日起施行。

国家林业局局长
二〇〇六年十一月十三日

第一条 为了加强林木种子质量管理，根据《中华人民共和国种子法》（以下简称《种子法》）第四十三条的规定，制定本办法。

第二条 从事林木种子的生产、加工、包装、检验、贮藏等质量管理活动，应当遵守本办法。

第三条 本办法所称林木种子，是指乔木、灌木、木质藤本等木本植物和用于林业生产、国土绿化的草本植物的种植材料（苗木）或者繁殖材料，包括籽粒、果实和根、茎、苗、芽、叶等。

第四条 县级以上人民政府林业主管部门及其委托的林木种苗管理机构依法负责林木种子质量的管理工作。

第五条 任何单位和个人有权就林木种子质量问题，向林业主管部门举报，接受举报的部门应当依法负责处理。

第六条 禁止在林木种子不成熟季节、不成熟林分抢采掠青以及损坏母树的树皮、树干、枝条和幼果等，禁止在劣质林内、劣质母树上采集林木种子。

第七条　采集林木种子应当在采种期内进行。采种期由当地县级人民政府林业主管部门根据林木种子成熟情况及有关规定确定,并在采种期起始日一个月前,利用报刊、电视、广播、因特网等形式对外公布。

第八条　林木种子生产者应当按照国家有关标准对采集的林木种子及时进行脱粒、干燥、净种、分级等加工处理。

第九条　生产主要林木商品种子的,应当按照国家有关标准进行质量检验。

质量低于国家规定的种用标准的林木种子,不得用于销售。

第十条　生产、销售籽粒、果实等有性繁殖材料的林木种子,应当按照国家有关标准进行包装;种植材料(苗木)、无性繁殖材料和其他不能包装的林木种子,可以不经过包装。

第十一条　已经包装的林木种子需要进行分装的,应当注明分装单位和分装日期。

第十二条　销售的林木种子应当附有林木种子标签。林木种子标签分绿色、白色两种。林木良种种子使用绿色标签、注明品种审定或者认定编号,普通林木种子使用白色标签。

第十三条　林木种子标签的格式由省、自治区、直辖市人民政府林业主管部门统一规定,由生产者和经营者依照规定的格式印制使用。

第十四条　属于繁殖材料的林木种子的生产、经营和使用者应当按照国家有关标准在林木种子库中贮藏林木种子。

第十五条　林木种子库应当具备与所贮藏的林木种子相适应的干燥、净种、检验设备及温度、湿度测量和调节仪器设备。

第十六条　林木种子入库贮藏前和出库时,种子库的管理者应当进行质量检验,将林木种子的净度、含水量和发芽率等质量指标记载于林木种子质量检验证书中。

林木种子质量检验证书的式样,由省、自治区、直辖市人民政府林业主管部门根据国家有关标准制定。

第十七条　在贮藏期间,种子库的管理者应当定期检查检验,及时记载温度、湿度、霉变和病虫害情况,发现问题应当及时采取措施,确保贮藏期间林木种子的质量。

第十八条　县级以上人民政府林业主管部门应当加强林木种子质量监督和管理,根据林木种子的生产、经营情况,制定并组织实施林木种子质量抽查方案。

第十九条　林木种子质量抽查的对象和重点是:

(一)主要林木种子生产者、经营者贮藏的用于销售的林木种子;

(二)国家投资或者以国家投资为主的造林项目和国有林业单位使用的林木种子。

第二十条　林木种子质量抽查任务可以由县级以上人民政府林业主管部门委托林木种子质量检验机构执行。

承担质量抽查工作的林木种子质量检验机构应当符合《种子法》的有关规定,具备相应的检测条件和能力,并经省级以上人民政府林业主管部门考核合格。

第二十一条　执行林木种子质量抽查任务时,应当由县级以上人民政府林业主管部门向林木种子质量检验机构下达《林木种子质量抽查通知书》。

林木种子质量检验机构应当持《林木种子质量抽查通知书》,按照国家有关标准抽取样品并进行检验。

第二十二条　林木种子质量检验机构完成质量抽查任务后,应当在规定时间内将抽查结果报送下达任务的林业主管部门。

质量抽查结果主要包括以下内容:

（一）抽查总结；

（二）抽查结果汇总表；

（三）林木种子质量总体状况评价；

（四）有关单位提出异议、复验等问题的处理情况说明；

（五）其他需要说明的情况。

第二十三条 县级以上人民政府林业主管部门应当根据质量抽查结果，及时公布林木种子质量抽查通报。

第二十四条 林木种子质量抽查结果不合格的，由县级以上人民政府林业主管部门依据《种子法》有关规定对其生产者、经营者予以处罚。

第二十五条 违反本办法规定，生产、加工、包装、检验和贮藏林木种子的，由县级以上人民政府林业主管部门依照《种子法》的规定处理；《种子法》未规定的，县级以上人民政府林业主管部门可以根据情节给予警告、限期整改，有违法所得的，可以并处违法所得一倍以上三倍以下且不超过三万元的罚款；没有违法所得的，属于非经营活动的，可以并处一千元以下罚款，属于经营活动的，可以并处一万元以下罚款。

第二十六条 本办法自2007年1月1日起施行。

农作物种子质量监督抽查管理办法

中华人民共和国农业部令

第 50 号

《农作物种子质量监督抽查管理办法》业经 2005 年 1 月 26 日农业部第 3 次常务会议审议通过，现予公布，自 2005 年 5 月 1 日起施行。

农业部部长
二〇〇五年三月十日

第一章 总 则

第一条 为了加强农作物种子质量监督管理，维护种子市场秩序，规范农作物种子质量监督抽查（以下简称监督抽查）工作，根据《中华人民共和国种子法》（以下简称《种子法》）及有关法律、行政法规的规定，制定本办法。

第二条 本办法所称监督抽查是指由县级以上人民政府农业行政主管部门组织有关种子管理机构和种子质量检验机构对生产、销售的农作物种子进行扦样、检验，并按规定对抽查结果公布和处理的活动。

第三条 农业行政主管部门负责监督抽查的组织实施和结果处理。农业行政主管部门委托的种子质量检验机构和（或）种子管理机构（以下简称承检机构）负责抽查样品的扦样工作，种子质量检验机构（以下简称检验机构）负责抽查样品的检验工作。

第四条 监督抽查的样品，由被抽查企业无偿提供，扦取样品的数量不得超过检验的合理需要。

第五条 被抽查企业应当积极配合监督抽查工作,无正当理由不得拒绝监督抽查。

第六条 监督抽查所需费用列入农业行政主管部门的预算,不得向被抽查企业收取费用。

第七条 农业行政主管部门已经实施监督抽查的企业,自扦样之日起六个月内,本级或下级农业行政主管部门对该企业的同一作物种子不得重复进行监督抽查。

第二章 监督抽查计划和方案确定

第八条 农业部负责制定全国监督抽查规划和本级监督抽查计划,县级以上地方人民政府农业行政主管部门根据全国规划和当地实际情况制定相应监督抽查计划。

监督抽查对象重点是当地重要农作物种子以及种子使用者、有关组织反映有质量问题的农作物种子。

农业行政主管部门可以根据实际情况,对种子质量单项或几项指标进行监督抽查。

第九条 农业行政主管部门根据计划向承检机构下达监督抽查任务。承检机构根据监督抽查任务,制定抽查方案,并报农业行政主管部门审查。

抽查方案应当科学、公正、符合实际。

抽查方案应当包括扦样、检验依据、检验项目、判定依据、被抽查企业名单、经费预算、抽查时间及结果报送时间等内容。

确定被抽查企业时,应当突出重点并具有一定的代表性。

第十条 农业行政主管部门审查通过抽查方案后,向承检机构开具《种子质量监督抽查通知书》。

《种子质量监督抽查通知书》是通知企业接受监督抽查的证明,

应当说明被抽查企业、作物种类、扦样人员和单位等,承检机构凭此通知书到企业扦样,并交企业留存。

第十一条　承检机构接受监督抽查任务后,应当组织有关人员学习有关法律法规和监督抽查规定,熟悉监督抽查方案,对扦样及检验过程中可能出现的问题提出合理的解决预案,并做好准备工作。

各有关单位和个人对监督抽查中确定的被抽查企业和作物种类以及承检机构、扦样人员等应当严格保密,禁止以任何形式和名义事先向被抽查企业泄露。

第三章　扦　样

第十二条　执行监督抽查任务的扦样人员由承检机构指派。到被抽查企业进行扦样时,扦样人员不得少于两名,其中至少有一名持种子检验员证的扦样员。

第十三条　扦样人员扦样前,应当向被抽查企业出示《种子质量监督抽查通知书》和有效身份证件,说明监督抽查的性质和扦样方法、检验项目、检验依据、判定依据等内容;了解被抽查企业的种子生产、经营情况,必要时可要求被抽查企业出示有关档案资料,以确定所抽查品种、样品数量等事项。

第十四条　抽查的样品应当从市场上销售或者仓库内待销的商品种子中扦取,并保证样品具有代表性。

有下列情形之一的,不得扦样:

(一) 被抽查企业无《种子质量监督抽查通知书》所列农作物种子的;

(二) 有证据证明拟抽查的种子不是用于销售的;

(三) 有证据证明生产的种子用于出口,且出口合同对其质量有明确约定的。

第十五条　有下列情形之一的,被抽查企业可以拒绝接受扦样:

(一) 扦样人员少于两人的;

(二) 扦样人员中没有持证扦样员的;

(三) 扦样人员姓名、单位与《种子质量监督抽查通知书》不符的;

(四) 扦样人员应当携带的《种子质量监督抽查通知书》和有效身份证件等不齐全的;

(五) 被抽查企业、作物种类与《种子质量监督抽查通知书》不一致的;

(六) 上级或本级农业行政主管部门六个月内对该企业的同一作物种子进行过监督抽查的。

第十六条　扦样按国家标准《农作物种子检验规程——扦样》执行。

扦样人员封样时,应当有防拆封措施,以保证样品的真实性。

第十七条　扦样工作结束后,扦样人员应当填写扦样单。扦样单中的被抽查企业名称、通讯地址、电话,所扦作物种类、品种名称、生产年月、种子批重、种子批号、扦样日期、扦样数量、执行标准、检验项目、检验依据、结果判定依据等内容应当逐项填写清楚。被抽查企业如有需要特别陈述的事项,可在备注栏中加以说明。

第十八条　扦样单应当有扦样人员和被抽查企业负责人或者其授权的人员签字,并加盖被抽查企业的公章。扦样单一式三份,承检机构和被抽查企业各留存一份,报送下达任务的农业行政主管部门一份。

第十九条　被抽查企业无《种子质量监督抽查通知书》所列农作物种子的,应当出具书面证明材料。扦样人员应当在查阅有关材料和检查有关场所后予以确认，并在证明材料上签字。

第二十条 被抽查企业无正当理由拒绝接受扦样或拒绝在扦样单上签字盖章的，扦样人员应当阐明拒绝监督抽查的后果和处理措施；必要时可以由企业所在地农业行政主管部门予以协调，如企业仍不接受抽查，扦样人员应当及时向下达任务的农业行政主管部门报告情况，对该企业按照拒绝监督抽查处理。

第二十一条 在市场上扦取的样品，如果经销单位与标签标注的生产商不一致的，承检机构应当及时通知种子生产商，并由该企业出具书面证明材料，以确认样品的生产商。生产商在接到通知七日内不予回复的，视为所扦种子为标签标注企业的产品。

第四章 检验和结果报送

第二十二条 承担监督抽查检验工作的检验机构应当符合《种子法》的有关规定，具备相应的检测条件和能力，并经省级以上人民政府农业行政主管部门考核合格。

农业部组织的监督抽查检验工作由农业部考核合格的检验机构承担。

第二十三条 检验机构应当制定监督抽查样品的接收、入库、领用、检验、保存及处置程序，并严格执行。

监督抽查的样品应当妥善保存至监督抽查结果发布后三个月。

第二十四条 检验机构应当按国家标准《农作物种子检验规程》进行检测，保证检验工作科学、公正、准确。

检验原始记录应当按规定如实填写，保证真实、准确、清晰，不得随意涂改，并妥善保存备查。

第二十五条 检验机构依据《种子法》第四十六条的规定和相关种子技术规范的强制性要求，并根据国家标准《农作物种子检验规程》所规定的容许误差对种子质量进行判定。

第二十六条 检验结束后,检验机构应当及时向被抽查企业和生产商送达《种子质量监督抽查结果通知单》。

检验机构可以在部分检验项目完成后,及时将检验结果通知被抽查企业。

第二十七条 被抽查企业或者生产商对检验结果有异议的,应当在接到《种子质量监督抽查结果通知单》或者单项指标检验结果通知之日起十五日内,向下达任务的农业行政主管部门提出书面报告,并抄送检验机构。逾期未提出异议的,视为认可检验结果。

第二十八条 下达任务的农业行政主管部门应当对企业提出的异议进行审查,并将处理意见告知企业。需要进行复验的,应当及时安排。

第二十九条 复验一般由原检验机构承担,特殊情况下,可以由下达任务的农业行政主管部门委托其他检验机构承担。

复验结果与原检验结果不一致的,复验费用由原检验机构承担。

第三十条 复验按照原抽查方案,根据实际情况可以在原样品基础上或者采用备用样品进行。

净度、发芽率和水分等质量指标采用备用样品进行复验,品种真实性和纯度在原种植小区基础上进行复查,特殊情况下,也可以重新种植鉴定。

第三十一条 检验机构完成检验任务后,应当及时出具检验报告,送达被抽查企业。在市场上扦取的样品,应当同时送达生产商。

检验报告内容应当齐全,检验依据和检验项目与抽查方案一致,数据准确,结论明确。

第三十二条 承检机构完成抽查任务后,应当在规定时间内将监督抽查结果报送下达任务的农业行政主管部门。

第三十三条 监督抽查结果主要包括以下内容：

（一）监督抽查总结；

（二）检验结果汇总表；

（三）监督抽查质量较好企业名单、不合格种子生产经营企业名单、拒绝接受监督抽查企业名单；

（四）企业提出异议、复验等问题的处理情况说明；

（五）其他需要说明的情况。

第五章　监督抽查结果处理

第三十四条 下达任务的农业行政主管部门应当及时汇总结果，在农业系统或者向相关企业通报，并视情况通报被抽查企业所在地农业行政主管部门。

省级以上农业行政主管部门可以向社会公告监督抽查结果。

第三十五条 不合格种子生产经营企业，由下达任务的农业行政主管部门或企业所在地农业行政主管部门，依据《种子法》有关规定予以处罚。

对不合格种子生产经营企业，应当作为下次监督抽查的重点。连续两次监督抽查有不合格种子的企业，应当提请有关发证机关吊销该企业的种子生产许可证、种子经营许可证，并向社会公布。

第三十六条 不合格种子生产经营企业应当按照下列要求进行整改：

（一）限期追回已经销售的不合格种子；

（二）立即对不合格批次种子进行封存，作非种用处理或者重新加工，经检验合格后方可销售；

（三）企业法定代表人向全体职工通报监督抽查情况，制定整改方案，落实整改措施；

（四）查明产生不合格种子的原因，查清质量责任，对有关责任人进行处理；

（五）对未抽查批次的种子进行全面清理，不合格种子不得销售；

（六）健全和完善质量保证体系，并按期提交整改报告；（七）接受农业行政主管部门组织的整改复查。

第三十七条　拒绝接受依法监督抽查的，给予警告，责令改正；拒不改正的，被监督抽查的种子按不合格种子处理，下达任务的农业行政主管部门予以通报。

第六章　监督抽查管理

第三十八条　参与监督抽查的工作人员，应当严格遵守国家法律、法规，秉公执法、不徇私情，对被抽查的作物种类和企业名单严守秘密。

第三十九条　检验机构应当如实上报检验结果和检验结论，不得瞒报、谎报，并对检验工作负责。

检验机构在承担监督抽查任务期间，不得接受被抽查企业种子样品的委托检验。

第四十条　承检机构应当符合《种子法》第五十六条的规定，不得从事种子生产、经营活动。

承检机构不得利用种子质量监督抽查结果参与有偿活动，不得泄露抽查结果及有关材料，不得向企业颁发抽查合格证书。

第四十一条　检验机构和参与监督抽查的工作人员伪造、涂改检验数据，出具虚假检验结果和结论的，按照《种子法》第六十二条、第六十八条的规定处理。

第四十二条　检验机构和参与监督抽查的工作人员违反本办法

第三十八条、第三十九条第二款、第四十条规定,由农业行政主管部门责令限期改正,暂停其种子质量检验工作;情节严重的,收回有关证书和证件,取消从事种子质量检验资格;对有关责任人员依法给予行政处分,构成犯罪的,依法追究刑事责任。

第七章 附 则

第四十三条 本办法自2005年5月1日起实施。

农作物种子质量纠纷田间现场鉴定办法

中华人民共和国农业部令

第 28 号

《农作物种子质量纠纷田间现场鉴定办法》业经 2003 年 6 月 26 日农业部第 17 次常务会议审议通过，现予公布，自 2003 年 8 月 1 日起施行。

农业部部长
二〇〇三年七月八日

第一条 为了规范农作物种子质量纠纷田间现场鉴定（以下简称现场鉴定）程序和方法，合理解决农作物种子质量纠纷，维护种子使用者和经营者的合法权益，根据《中华人民共和国种子法》（以下简称《种子法》）及有关法律、法规的规定，制定本办法。

第二条 本办法所称现场鉴定是指农作物种子在大田种植后，因种子质量或者栽培、气候等原因，导致田间出苗、植株生长、作物产量、产品品质等受到影响，双方当事人对造成事故的原因或者损失程度存在分歧，为确定事故原因或（和）损失程度而进行的田间现场技术鉴定活动。

第三条 现场鉴定由田间现场所在地县级以上地方人民政府农业行政主管部门所属的种子管理机构组织实施。

第四条 种子质量纠纷处理机构根据需要可以申请现场鉴定；种子质量纠纷当事人可以共同申请现场鉴定，也可以单独申请现场鉴定。

鉴定申请一般以书面形式提出，说明鉴定的内容和理由，并提供相关材料。口头提出鉴定申请的，种子管理机构应当制作笔录，并请申请人签字确认。

第五条　种子管理机构对申请人的申请进行审查，符合条件的，应当及时组织鉴定。有下列情形之一的，种子管理机构对现场鉴定申请不予受理：

（一）针对所反映的质量问题，申请人提出鉴定申请时，需鉴定地块的作物生长期已错过该作物典型性状表现期，从技术上已无法鉴别所涉及质量纠纷起因的；

（二）司法机构、仲裁机构、行政主管部门已对质量纠纷做出生效判决和处理决定的；

（三）受当前技术水平的限制，无法通过田间现场鉴定的方式来判定所提及质量问题起因的；

（四）纠纷涉及的种子没有质量判定标准、规定或者合同约定要求的；

（五）有确凿的理由判定纠纷不是由种子质量所引起的；

（六）不按规定缴纳鉴定费的。

第六条　现场鉴定由种子管理机构组织专家鉴定组进行。

专家鉴定组由鉴定所涉及作物的育种、栽培、种子管理等方面的专家组成，必要时可邀请植物保护、气象、土壤肥料等方面的专家参加。专家鉴定组名单应当征求申请人和当事人的意见，可以不受行政区域的限制。

参加鉴定的专家应当具有高级专业技术职称、具有相应的专门知识和实际工作经验、从事相关专业领域的工作5年以上。

纠纷所涉品种的选育人为鉴定组成员的，其资格不受前款条件的限制。

第七条　专家鉴定组人数应为3人以上的单数，由一名组长和若干成员组成。

第八条 专家鉴定组成员有下列情形之一的,应当回避,申请人也可以口头或者书面申请其回避:

(一) 是种子质量纠纷当事人或者当事人的近亲属的;

(二) 与种子质量纠纷有利害关系的;

(三) 与种子质量纠纷当事人有其他关系,可能影响公正鉴定的。

第九条 专家鉴定组进行现场鉴定时,可以向当事人了解有关情况,可以要求申请人提供与现场鉴定有关的材料。

申请人及当事人应予以必要的配合,并提供真实资料和证明。不配合或者提供虚假资料和证明,对鉴定工作造成影响的,应承担由此造成的相应后果。

第十条 专家鉴定组进行现场鉴定时,应当通知申请人及有关当事人到场。专家鉴定组根据现场情况确定取样方法和鉴定步骤,并独立进行现场鉴定。

任何单位或者个人不得干扰现场鉴定工作,不得威胁、利诱、辱骂、殴打专家鉴定组成员。

专家鉴定组成员不得接受当事人的财物或者其他利益。

第十一条 有下列情况之一的,终止现场鉴定:

(一) 申请人不到场的;

(二) 需鉴定的地块已不具备鉴定条件的;

(三) 因人为因素使鉴定无法开展的。

第十二条 专家鉴定组对鉴定地块中种植作物的生长情况进行鉴定时,应当充分考虑以下因素:

(一) 作物生长期间的气候环境状况;

(二) 当事人对种子处理及田间管理情况;

(三) 该批种子室内鉴定结果;

（四）同批次种子在其他地块生长情况；

（五）同品种其他批次种子生长情况；

（六）同类作物其他品种种子生长情况；

（七）鉴定地块地力水平；

（八）影响作物生长的其他因素。

第十三条 专家鉴定组应当在事实清楚、证据确凿的基础上，根据有关种子法规、标准，依据相关的专业知识，本着科学、公正、公平的原则，及时作出鉴定结论。

专家鉴定组现场鉴定实行合议制。鉴定结论以专家鉴定组成员半数以上通过有效。专家鉴定组成员在鉴定结论上签名。专家鉴定组成员对鉴定结论的不同意见，应当予以注明。

第十四条 专家鉴定组应当制作现场鉴定书。现场鉴定书应当包括以下主要内容：

（一）鉴定申请人名称、地址、受理鉴定日期等基本情况；

（二）鉴定的目的、要求；

（三）有关的调查材料；

（四）对鉴定方法、依据、过程的说明；

（五）鉴定结论；

（六）鉴定组成员名单；

（七）其他需要说明的问题。

第十五条 现场鉴定书制作完成后，专家鉴定组应当及时交给组织鉴定的种子管理机构。种子管理机构应当在5日内将现场鉴定书交付申请人。

第十六条 对现场鉴定书有异议的，应当在收到现场鉴定书15日内向原受理单位上一级种子管理机构提出再次鉴定申请，并说明理由。上一级种子管理机构对原鉴定的依据、方法、过程等进行审查，认为有必要和可能重新鉴定的，应当按本办法规定重新组织专家鉴定。再次鉴定申请只能提起一次。

当事人双方共同提出鉴定申请的,再次鉴定申请由双方共同提出。当事人一方单独提出鉴定申请的,另一方当事人不得提出再次鉴定申请。

第十七条 有下列情形之一的,现场鉴定无效:

(一)专家鉴定组组成不符合本办法规定的;

(二)专家鉴定组成员收受当事人财物或者其他利益,弄虚作假的;

(三)其他违反鉴定程序,可能影响现场鉴定客观、公正的。

现场鉴定无效的,应当重新组织鉴定。

第十八条 申请现场鉴定,应当按照省级有关主管部门的规定缴纳鉴定费。

第十九条 参加现场鉴定工作的人员违反本办法的规定,接受鉴定申请人或者当事人的财物或者其他利益,出具虚假现场鉴定书的,由其所在单位或者主管部门给予行政处分;构成犯罪的,依法追究刑事责任。

第二十条 申请人、有关当事人或者其他人员干扰田间现场鉴定工作,寻衅滋事,扰乱现场鉴定工作正常进行的,依法给予治安管理处罚或者追究刑事责任。

第二十一条 委托制种发生质量纠纷,需要进行现场鉴定的,参照本办法执行。

第二十二条 本办法自2003年9月1日起施行。

国家级水稻玉米品种审定绿色通道试验指南（试行）

（2014年5月26日国家农作物品种审定委员会发布）

第一章 总 则

第一条 根据《主要农作物品种审定办法》（中华人民共和国农业部令2013年第4号）（以下简称《审定办法》）第十五条、第二十四条规定，制定本指南。

第二条 申请国家级杂交水稻、杂交玉米品种审定，按规定自行开展品种区域试验、生产试验适用本指南。

第三条 品种审定绿色通道试验包括以下两种情形：

实行选育生产经营相结合、注册资本1亿元、达到《农作物种子生产经营许可管理办法》（中华人民共和国农业部令2011年第3号）第十六条规定条件的种子企业（以下简称申请者），可以自行开展自有品种区域试验、生产试验；

已通过省级审定的品种，具备相邻省、自治区、直辖市同一生态类型区10个以上生产试验点连续两年试验数据的，申请国家级审定时可以免予进行区域试验和生产试验。

第四条 区域试验、生产试验承担单位应当具备独立法人资格，具有相应的试验用地、仪器设备、技术人员。

第五条 品种试验技术人员应当具有相关专业大专以上学历或中级以上专业技术职称、3年以上品种试验相关工作经历，并定期接受相关技术培训。

第二章 方案确认

第六条 申请者参照现行国家级水稻、玉米品种试验实施方案编制品种审定绿色通道试验实施方案，包括试验目的、试验品种（含对照品种）及育种者、试验设计、试验组别与试验点生态布局、承担单位与试验具体负责人、栽培管理、观察记载、抗性鉴定、品质分析、转基因检测、DNA指纹检测、DUS测试、试验总结等内容。申请者可根据农业生产需要调整试验方案，并向国家农作物品种审定委员会办公室说明调整理由。

国家级水稻、玉米品种试验实施方案和调查记载表，从全国农技推广网品种管理子网站下载。

第七条 申请者应当在每年12月15日前将品种审定绿色通道试验实施方案（含电子版）报国家农作物品种审定委员会办公室，全国农业技术推广服务中心进行方案初审，国家农作物品种审定委员会办公室组织相关专家对试验实施方案进行审核确认，并在翌年1月15日前作出确认通过或不通过的决定，书面通知申请者。

对于确认通过的，申请者按照试验实施方案开展品种试验工作。

对于确认不通过的，申请者可以在接到通知后15日内陈述意见或者对试验实施方案予以修正，逾期未陈述意见或者修正的，视为自行放弃。

第三章 品种试验

第八条 自行开展品种区域试验、生产试验的，区域试验应当不少于两个生产周期，每组区域试验品种数量不少于5个（含对照品种，下同）、不多于15个；区域试验完成后，再安排不少于一个生产周期的生产试验，每组生产试验品种数量不多于5个。

抗逆性鉴定由国家农作物品种审定委员会指定的测试机构承担，品质检测、DNA指纹检测、转基因检测由有资质检测机构承担。

试验组别、试验点生态布局与数量要求参照国家级水稻、玉米品种试验实施方案，需要调整的由国家农作物品种审定委员会决定。

第九条 自行开展杂交水稻品种试验组别、试验点生态布局与数量要求：

华南早籼组（广东、广西、海南、福建）；

长江中下游早籼早中熟组（浙江、安徽、江西、湖北、湖南）；

长江中下游早籼迟熟组（浙江、福建、江西、湖南、广西）；

长江上游中籼迟熟组（重庆、四川、贵州、云南、陕西）；

长江中下游中籼迟熟组（江苏、浙江、安徽、福建、江西、河南、湖北、湖南）；

长江中下游晚籼早熟组（浙江、安徽、江西、湖北、湖南）；

长江中下游晚籼中迟熟组（浙江、福建、江西、湖南、广西）；

黄淮粳稻组（江苏、安徽、山东、河南）；

早中粳中熟组（内蒙古、辽宁、吉林、宁夏、新疆）；

早中粳早熟组（内蒙古、辽宁、吉林、黑龙江、宁夏）；

每个生产周期区域试验点数量不少于20个，且分布在不少于4个省级，不同的县级行政区域内；生产试验点数量应当不少于区域试验点数量，且分布于不同的县级行政区域内。

第十条 自行开展杂交玉米品种试验组别、试验点生态布局与数量要求：

极早熟春玉米组（河北、吉林、黑龙江、内蒙古、宁夏）；

东北早熟春玉米组（吉林、黑龙江、内蒙古）；

东北中熟春玉米组（辽宁、吉林、黑龙江、内蒙古）；

西北春玉米组（内蒙古、陕西、甘肃、宁夏、新疆）；

每个生产周期区域试验点数量不少于20个，且分布在不少于3个省级，不同的县级行政区域内；生产试验点数量应当不少于区域试验点数量,且分布于不同的县级行政区域内。

东华北春玉米组(北京、天津、河北、山西、内蒙古、辽宁、吉林);

黄淮海夏玉米组(北京、天津、山西、河北、江苏、安徽、山东、河南、陕西);

西南春玉米组(湖北、湖南、广西、重庆、四川、贵州、云南、陕西);

每个生产周期区域试验点数量不少于40个,且分布在不少于7个省级、不同的县级行政区域内;生产试验点数量应当不少于区域试验点数量,且分布于不同的县级行政区域内。

第十一条 已通过省级审定的品种,申请者在相邻省、自治区、直辖市同一生态类型区自行开展品种生产试验,生产试验应当不少于两个生产周期,每个生产周期每个相邻省份生产试验点不少于5个、生产试验点总量不少于10个,且分布于不同的县级行政区域内。

第十二条 区域试验、生产试验对照品种应当与同时期、同生态类型区国家级品种试验相一致。

第十三条 DUS测试按相应作物测试指南要求,与品种试验同步进行。

DUS测试由农业部植物新品种测试中心承担。品种标准样品从DUS测试种子中留存,交农业部指定机构保存。

第十四条 自行开展品种区域试验、生产试验的,应当接受《审定办法》第二十二条规定的品种试验考察。

第四章 提交审定

第十五条 申请者对于完成区域试验、生产试验和DUS测试程序的自有品种,应当在60日内将各试验点数据、汇总结果、总结报告提交国家农作物品种审定委员会办公室。

已通过省级审定的品种，具备相邻省、自治区、直辖市同一生态类型区 10 个以上生产试验点连续两年试验数据的，申请者应当将省级审定证书、审定公告复印件、育种者自行开展的生产试验总结报告、相邻省抗逆性鉴定报告、DUS 测试报告提交国家农作物品种审定委员会办公室。

在提交审定的同时，申请者还应当提供相关材料真实性承诺书。

第十六条　国家农作物品种审定委员会按《审定办法》规定，开展品种审定工作。

第五章　监督管理

第十七条　申请者对其提供的品种试验结果、相关材料真实性负责，有弄虚作假行为的，取消其自行开展品种试验资格，已审定品种予以退出，并依法追究申请者及其有关责任人的法律责任。

第十八条　申请者应当对品种的适应性、抗逆性负责。但以下情形除外：

（一）因不可抗力因素导致的生产损失；

（二）因超出种子标签或说明提示的风险范围和适宜种植区域造成的损失。

第十九条　审定通过的品种，因品种重大缺陷给生产造成损失的，予以退出。

第二十条　国家农作物品种审定委员会及工作人员，对在审定过程中获知的申请者的商业秘密负有保密义务，不得对外提供申请品种审定的种子或者谋取非法利益。

第二十一条　品种审定工作人员弄虚作假、徇私舞弊、滥用职权、玩忽职守、索贿受贿的，依法给予行政处分；构成犯罪的，依法追究刑事责任。

第六章 附 则

第二十二条 自有品种是指种子企业独立选育、合作选育并具有知识产权的品种。

第二十三条 进入品种审定绿色通道自行试验的品种，不再受理参加国家统一组织开展的品种试验申请。

第二十四条 本指南自 2014 年 5 月 26 日起施行。

农作物种子质量检验机构考核管理办法

(2008年1月2日农业部令第12号公布，2013年12月31日农业部令2013年第5号修订)

第一章 总 则

第一条 为了加强农作物种子质量检验机构管理，规范检验机构考核工作，保证检验能力，根据《中华人民共和国种子法》，制定本办法。

第二条 对外开展农作物种子检验服务，出具有证明作用的检验数据和结果的农作物种子质量检验机构（以下简称检验机构），应当经省级以上人民政府农业行政主管部门考核合格。

农业部和省、自治区、直辖市人民政府农业行政主管部门是检验机构的考核机关。省级以上人民政府有关主管部门依法设置的检验机构由农业部考核；其他检验机构由所在地省级人民政府农业行政主管部门考核。

第三条 检验机构考核采取文件审查、现场评审和能力验证相结合的方式，实行考核要求、考核程序、证书标志、监督管理统一的制度。

第四条 考核机关成立考评小组，负责文件审查和现场评审工作。

考评小组由3名或者5名考评员组成。考评员应当具有相关专业的高级专业技术职务、从事种子检验工作5年以上。

第五条 农业部的国家农作物种子质量检验中心，负责检验机构能力验证工作。

第二章 申请与受理

第六条 申请考核的检验机构应当符合农业部《农作物种子质量检验机构考核准则》(以下简称《考核准则》)的要求,并具备下列条件:

(一)有符合要求的技术负责人和质量负责人;

(二)有5名以上符合《农作物种子检验员考核管理办法》规定的种子检验员,其中至少3名为室内检验员;

(三)有相应的固定检验场所和符合《农作物种子检验规程》要求的仪器设备;

(四)有健全有效的管理工作规范。

第七条 申请检验机构考核的,应当向考核机关提交下列材料:

(一)申请书;

(二)法人资格证明或者法人授权证明文件;

(三)有关部门批准机构设置的证明文件;

(四)种子检验员资格证明;

(五)检验项目范围说明;

(六)质量手册;

(七)检验报告2份。

第八条 考核机关自收到材料之日起5日内对申请材料的完整性、真实性、规范性进行初步审查,符合要求的,予以受理,并出具受理通知书;不符合要求的,不予受理,书面通知申请人并说明理由。

受理申请后,考核机关应当与申请人商定现场评审时间,通知国家农作物种子质量检验中心准备能力验证样品,并将质量手册和相关材料转交考评小组进行文件审查。

第三章 能力考评

第九条 考评小组依据《考核准则》的要求进行文件审查，主要审查质量手册和相关材料的完整性、真实性、有效性和适宜性。对不符合要求的，报经考核机关通知申请人在规定期限内修改。

第十条 考评小组依据《考核准则》的要求开展现场评审，主要对检验机构的技术能力、仪器设备和质量管理等情况进行符合性审核。

现场评审由考评小组组长负责组织。评审结论经考评小组成员半数以上通过并由全体考评员签字后方为有效。对评审结论有不同意见的，应当予以注明。

现场评审工作应当在2日内完成。

第十一条 考评小组应当在文件审查和现场评审工作结束后10日内向考核机关提交评审报告。评审报告包括文件审查结论、现场评审结论和改进建议等内容。

第十二条 能力验证采取比对试验方法，比对试验的检验项目不得少于申请检验项目范围的15%。

第十三条 国家农作物种子质量检验中心应当制定比对试验方案，依据申请检验项目范围制备试验样品，并发放给申请人。申请人应当在规定时间内完成项目检验，并报送检验结果。

国家农作物种子质量检验中心对检验结果进行统计分析，并向考核机关提交能力验证结果报告。

第十四条 能力考评工作应当在5个月内完成。

第四章 审查与决定

第十五条 考核机关应当自收到评审报告和能力验证结果报告

之日起15日内完成审查工作，并作出考核决定。对符合要求的，颁发检验机构合格证书；对不符合要求的，书面通知申请人并说明理由。

第十六条　合格证书有效期为5年。合格证书应当载明机构名称、证书编号、检验范围、有效期限、考核机关。

第十七条　考核合格的检验机构，由考核机关予以公告。省级考核机关应当于每年1月底前将上一年度检验机构考核情况报农业部备案。

第五章　变更与延续

第十八条　在合格证书有效期内，有下列情形之一的，检验机构应当向考核机关申请办理变更手续：

（一）检验机构的隶属关系发生变更的；

（二）检验机构名称或者法定代表人发生变化的；

（三）检验项目范围发生变化的。

第十九条　在合格证书有效期内，检验机构申请扩大检验项目范围的，考核机关应当进行相应的能力考评。

第二十条　在合格证书有效期内，检验机构技术负责人和质量负责人发生变换的，应当报经考核机关认可；检验机构质量体系作出重大调整的，应当将新版质量手册报考核机关备案。

第二十一条　合格证书有效期届满后需要继续从事种子检验服务的，应当在有效期届满6个月前向考核机关重新申请。重新申请的程序与原申请程序相同。

第六章　监督管理

第二十二条　考核合格的检验机构可以从事下列种子检验服务：

（一）承担农业行政主管部门委托的监督抽查检验任务；

（二）向行政机关、司法机构、仲裁机构以及有关单位和个人提供具有证明作用的数据和结果的检验服务；

（三）其他委托检验。

从事前款第（一）、（二）项检验服务，检验机构应当按照《农作物种子检验规程》进行检验，出具的检验报告应当标注"CASL"（中国合格种子检验机构，China Accredited Seed Laboratory）标志和证书编号。

第二十三条　农业部定期组织开展能力验证活动，持有合格证书的检验机构不得拒绝参加。

无正当理由不参加能力验证或者能力验证不合格者，限期整改，暂停对外开展种子检验服务；在规定期限内仍达不到要求或者连续两次不合格者，由考核机关撤销其资格。

检验机构能力验证办法由农业部另行制定。

第二十四条　在合格证书有效期内，检验机构不再从事检验项目范围内的种子检验服务或者自愿申请终止的，应当向考核机关申请办理合格证书注销手续。

合格证书有效期届满而未重新申请的，合格证书失效，考核机关应当予以注销。

注销合格证书，考核机关应当予以公告。

第二十五条　检验机构有下列情形之一的，由考核机关责令其暂停对外开展种子检验服务：

（一）不再符合《考核准则》要求且影响检验工作质量的；

（二）重要检验仪器设备发生改变且影响检验工作质量的；

（三）技术负责人、质量负责人变换未得到考核机关认可的。

被暂停开展检验服务的检验机构在3个月内实施了有效的纠正措施，经考核机关确认后，可以恢复对外开展种子检验服务。

第二十六条 检验机构有下列情形之一的,由考核机关撤销其资格,注销合格证书,并予以公告:

(一)以欺骗、贿赂等不正当手段骗取合格证书的;

(二)伪造检验记录、数据或者出具虚假结果和证明的;

(三)超越检验项目范围出具标注 CASL 标志检验报告的;

(四)超过暂停规定期限仍不能确认恢复的;

(五)以检验机构的名义向社会推荐或者以监制、监销等方式参与种子经营活动,屡教不改或者造成恶劣影响的。

被撤销资格的检验机构,2 年内不得向考核机关提出考核申请。

第二十七条 被暂停开展检验服务或者撤销资格的检验机构有权向考核机关提出申诉。考核机关接到申诉后应当调查核实,及时作出决定。

第二十八条 考评员在考评过程中有徇私舞弊、弄虚作假等违反考核纪律行为的,依法给予行政处分,不得再从事考评员工作;构成犯罪的,依法移送司法机关追究刑事责任。

第七章 附 则

第二十九条 检验机构承担监督抽查检验任务,不得向被抽查单位收取费用。接受委托检验需收取检验费的,按照有关规定执行。

第三十条 需要计量检定或者计量溯源的仪器设备,应当符合计量法律法规的有关要求。

第三十一条 申请国际种子检验协会(ISTA)种子检验室认可的检验机构,应当符合本办法的规定,经考核机关考核合格。检验机构获得认可后应当报农业部备案。

第三十二条 检验机构合格证书的格式和标志的式样由农业部

统一规定。

第三十三条 农业部部级农作物种子质量检验机构的考核管理，还应当遵守农业部部级产品质量检测机构管理的有关规定。

第三十四条 本办法自 2008 年 7 月 1 日起施行。现有检验机构应当依照本办法的规定完善相关条件，自 2009 年 7 月 1 日起，需要继续对外开展种子检验服务的，应当持有考核机关颁发的检验机构合格证书。

农作物商品种子加工包装规定

(2001年2月13日农业部第一次常务会议通过,2001年2月26日农业部令第50号发布)

第一条 根据《中华人民共和国种子法》第三十四条的规定,制定本规定。

第二条 下列农作物种子应当加工、包装后销售:

(一)有性繁殖作物的籽粒、果实,包括颖果、荚果、蒴果、核果等;

(二)马铃薯微型脱毒种薯。

第三条 下列种子可以不经加工、包装进行销售:

(一)无性繁殖的器官和组织,包括根(块根)、茎(块茎、鳞茎、球茎、根茎)、枝、叶、芽、细胞等;

(二)苗和苗木,包括蔬菜苗、水稻苗、果树苗木、茶树苗木、桑树苗木、花卉苗木等;

(三)其他不宜包装的种子。

第四条 种子加工、包装应当符合有关国家标准或者行业标准。

第五条 省级农业行政主管部门可以根据本规定,制定具体名录,报农业部备案,并予以公布。

第六条 本规定由农业部负责解释。

第七条 本规定自发布之日起施行。

林木种子包装和标签管理办法

国家林业局关于印发
《林木种子包装和标签管理办法》的通知

各省、自治区、直辖市林业厅（局），内蒙古、吉林、龙江、大兴安岭森工（林业）集团公司，新疆生产建设兵团林业局，国家林业局各司局、各直属单位：

　　为加强林木种子包装、标签和使用说明管理，规范包装、标签和使用说明的制作、标注和使用行为，保护林木种子生产、经营和使用者的合法权益，根据《中华人民共和国种子法》的有关规定，我局研究制定了《林木种子包装和标签管理办法》（见附件），现印发给你们，请遵照执行。

　　特此通知。

国家林业局
2016 年 7 月 13 日

第一章　总　则

　　第一条　为加强林木种子包装和标签管理，规范林木种子包装和标签的制作、标注和使用行为，保护林木种子生产经营者和使用者的合法权益，根据《中华人民共和国种子法》（以下简称《种子法》）的有关规定，制定本办法。

　　第二条　在中华人民共和国境内销售的林木种子包装、标签及使用说明的制作、标注、使用和管理，适用本办法。

第三条 本办法所称林木种子是指林木的种植材料（苗木）或者繁殖材料，具体是指乔木、灌木、藤本、竹类、花卉以及绿化和药用草本植物的籽粒、果实、根、茎、苗、芽、叶、花等。

第四条 销售的林木种子应当加工、分级、包装，并附有标签和使用说明。标签和使用说明标注的内容应当与销售的种子相符。林木种子生产经营者对标注内容的真实性和种子质量负责。

销售的林木种子应当符合国家或者行业标准；没有标准的要遵循合同约定。

第五条 本办法所称的标签是指印制、粘贴、固定或者附着在林木种子、包装物内外的特定图案及文字说明。本办法所称的使用说明是指对生产经营者信息以及主要栽培措施、适宜种植的区域、栽培季节等使用条件的说明和风险提示等。

第六条 县级以上人民政府林业主管部门负责林木种子包装和标签的管理工作，具体工作可以由其所委托的林木种苗管理机构负责。

第二章 包 装

第七条 籽粒、果实等林木种子，应当包装后销售。

下列林木种子可以不经包装进行销售：

（一）苗木。

（二）无性繁殖的器官和组织，包括根、茎、芽、叶、花等。

（三）其他不宜包装的林木种子。

第八条 大包装或者进口的林木种子可以分装；实行分装的，应当标注分装单位。

第九条 包装材料应当适宜林木种子的生理特性，坚固、耐用、清洁、环保，无检疫性有害生物。

第十条 林木种子包装应当便于贮藏、搬运、堆放、清点。

第三章 标签及使用说明内容

第十一条 标签应当标注：种子类别、树种（品种）名称、品种审定（认定）编号、产地、生产经营者及注册地、质量指标、重量（数量）、检疫证明编号、种子生产经营许可证编号、信息代码等。

（一）种子类别：应当填写普通种或者良种。

（二）树种（品种）名称：树种名称应当填写植物分类学的种、亚种或者变种名称；品种名称应当填写授权品种、通过审（认）定品种以及其他品种的名称。

（三）产地：应当填写林木种子生产所在地，应当标注到县。进口林木种子的产地，按照《中华人民共和国进出口货物原产地条例》标注。

（四）生产经营者及注册地：生产经营者名称、工商注册所在地。

（五）质量指标：

籽粒质量指标按照净度、发芽率（生活力或优良度）、含水量等标注。

苗木质量指标按照苗高、地径等标注，标签标注的苗高、地径按照95%苗木能达到的数值填写。

（六）重量（数量）：每个包装（销售单元）籽粒（果实）的实际重量或者苗木数量，籽粒（果实）以千克（kg）、克（g）、粒等表示，苗木以株、根、条等表示。包装中含有多件小包装时除标明总重量（数量）外，还应当标明每一小包装的重量（数量）。

使用信息代码的，应当包含林木种子标签标注的内容等信息。

第十二条 除第十一条标注的内容外，属于下列情况的，应当分别加注：

（一）销售授权品种种子的，应当标注品种权号。

（二）销售进口林木种子的，应当附有进口审批文号和中文标签。

（三）销售转基因林木种子的，必须用明显的文字标注，并应当提示使用时的安全控制措施。

第十三条 使用说明应当包括下列内容：

（一）种子生产经营者信息：包括生产经营者名称、生产地点、经营地点、联系人、联系电话、网站等内容。

（二）主要栽培措施。

（三）适宜种植的区域。

（四）栽培季节。

（五）风险提示：包括种子贮藏条件、主要病虫害、极端天气引发的风险等内容及注意事项。

（六）其他信息。

生产经营通过审（认）定品种的，使用说明中第二项至第四项规定的内容应当与审定公告一致。

第十四条 种子生产经营者向种子使用者提供的使用说明不得作虚假、夸大或者引人误解的宣传。

使用说明书应当加盖生产经营者印章。

第四章 标签制作和使用

第十五条 林木种子标签制作材料应当有足够的强度和防水性。

第十六条 标签标注文字应当清晰，使用规范的中文。

第十七条 标签印刷要清晰，可以直接印制在包装物表面，也可制成印刷品粘贴、固定或者附着在包装物外或者放在包装物内。

可以不经包装进行销售的林木种子，标签应当制成印刷品在销售时提供给购买者。

第十八条 林木种子标签样式分为种子标签和苗木标签两类。籽粒、果实、种球及根、茎、叶、芽、花等填写种子标签，苗木填写苗木标签。

第十九条 林木种子标签底色分绿色、白色两种。林木良种种子使用绿色标签，普通林木种子使用白色标签。标签印刷字体颜色为黑色。

第二十条 包装销售的林木种子，每个包装需附带一个标签和使用说明；不需要包装销售的林木种子，每个销售单元至少附带一个标签和使用说明。

第二十一条 林木种子标签可以由林业主管部门统一印制，免费发放，也可由种子生产经营者自行制作，但要符合本办法规定。标签使用时应当加盖生产经营者印章。

第五章 监督管理

第二十二条 各级林业主管部门应当加强对林木种子生产经营者执行林木种子包装、标签和使用说明等制度的监督管理。

第二十三条 销售的林木种子与标签标注的内容不符或者没有标签的，按照《种子法》第七十五条进行处罚。

第二十四条 销售的林木种子质量低于标签标注指标的，按照《种子法》第七十六条进行处罚。

第二十五条 有下列情况的之一的，按照《种子法》第八十条进行处罚：

（一）销售的种子应当包装而没有包装的。

（二）销售的种子没有使用说明或者标签内容不符合规定的。

（三）涂改标签的。

（四）种子生产经营者专门经营不再分装的包装种子，未按照规定备案的。

第六章　附　则

第二十六条　本办法中销售单元，是指销售过程中低于一个种批或者苗批的任何销售重量或者数量。

第二十七条　本办法自2016年8月1日起施行，有效期至2021年7月31日。《国家林业局关于印发〈林木种子包装和标签管理办法〉的通知》（林场发〔2002〕186号）同时废止。

2016年7月31日前已经制作的旧版种子标签和使用说明可以延用至2016年12月31日。

农作物种子标签和使用说明管理办法

中华人民共和国农业部令
2016 年第 6 号

《农作物种子标签和使用说明管理办法》已经农业部 2016 年第 6 次常务会议审议通过，现予公布，自 2017 年 1 月 1 日起施行。

农业部部长
2016 年 7 月 8 日

第一章　总　则

第一条　为了规范农作物种子标签和使用说明的管理，维护种子生产经营者、使用者的合法权益，保障种子质量和农业生产安全，根据《中华人民共和国种子法》，制定本办法。

第二条　在中华人民共和国境内销售的农作物种子应当附有种子标签和使用说明。

种子标签和使用说明标注的内容应当与销售的种子相符，符合本办法的规定，不得作虚假或者引人误解的宣传。

第三条　种子生产经营者负责种子标签和使用说明的制作，对其标注内容的真实性和种子质量负责。

第四条　县级以上人民政府农业主管部门负责农作物种子标签和使用说明的监督管理工作。

第二章　种子标签

第五条　种子标签是指印制、粘贴、固定或者附着在种子、种子包装物表面的特定图案及文字说明。

第六条 种子标签应当标注下列内容：
（一）作物种类、种子类别、品种名称；
（二）种子生产经营者信息，包括种子生产经营者名称、种子生产经营许可证编号、注册地地址和联系方式；
（三）质量指标、净含量；
（四）检测日期和质量保证期；
（五）品种适宜种植区域、种植季节；
（六）检疫证明编号；
（七）信息代码。

第七条 属于下列情形之一的，种子标签除标注本办法第六条规定内容外，应当分别加注以下内容：
（一）主要农作物品种，标注品种审定编号；通过两个以上省级审定的，至少标注种子销售所在地省级品种审定编号；引种的主要农作物品种，标注引种备案公告文号；
（二）授权品种，标注品种权号；
（三）已登记的农作物品种，标注品种登记编号；
（四）进口种子，标注进口审批文号及进口商名称、注册地址和联系方式；
（五）药剂处理种子，标注药剂名称、有效成分、含量及人畜误食后解决方案；依据药剂毒性大小，分别注明"高毒"并附骷髅标志、"中等毒"并附十字骨标志、"低毒"字样；
（六）转基因种子，标注"转基因"字样、农业转基因生物安全证书编号；

第八条 作物种类明确至植物分类学的种。
种子类别按照常规种和杂交种标注。类别为常规种的按照育种家种子、原种、大田用种标注。

第九条 品种名称应当符合《农业植物品种命名规定》,一个品种只能标注一个品种名称。审定、登记的品种或授权保护的品种应当使用经批准的品种名称。

第十条 种子生产经营者名称、种子生产经营许可证编号、注册地地址应当与农作物种子生产经营许可证载明内容一致;联系方式为电话、传真,可以加注网络联系方式。

第十一条 质量指标是指生产经营者承诺的质量标准,不得低于国家或者行业标准规定;未制定国家标准或行业标准的,按企业标准或者种子生产经营者承诺的质量标准进行标注。

第十二条 质量指标按照质量特性和特性值进行标注。

质量特性按照下列规定进行标注:

(一)标注品种纯度、净度、发芽率和水分,但不宜标注水分、芽率、净度等指标的无性繁殖材料、种苗等除外;

(二)脱毒繁殖材料按品种纯度、病毒状况和脱毒扩繁代数进行标注;

(三)国家标准、行业标准或农业部对某些农作物种子有其他质量特性要求的,应当加注。

特性值应当标明具体数值,品种纯度、净度、水分百分率保留一位小数,发芽率保留整数。

第十三条 净含量是指种子的实际重量或者数量,标注内容由"净含量"字样、数字、法定计量单位(kg 或者 g)或者数量单位(粒或者株)三部分组成。

第十四条 检测日期是指生产经营者检测质量特性值的年月,年月分别用四位、两位数字完整标示,采用下列示例:检测日期:2016 年 05 月。

质量保证期是指在规定贮存条件下种子生产经营者对种子质量特性值予以保证的承诺时间。标注以月为单位,自检测日期起最长时间不得超过十二个月,采用下列示例:质量保证期6个月。

第十五条 品种适宜种植区域不得超过审定、登记公告及省级农业主管部门引种备案公告公布的区域。审定、登记以外作物的适宜区域由生产经营者根据试验确定。

种植季节是指适宜播种的时间段,由生产经营者根据试验确定,应当具体到日,采用下列示例:5月1日至5月20日。

第十六条 检疫证明编号标注产地检疫合格证编号或者植物检疫证书编号。

进口种子检疫证明编号标注引进种子、苗木检疫审批单编号。

第十七条 信息代码以二维码标注,应当包括品种名称、生产经营者名称或进口商名称、单元识别代码、追溯网址等信息。二维码格式及生成要求由农业部另行制定。

第三章 使用说明

第十八条 使用说明是指对种子的主要性状、主要栽培措施、适应性等使用条件的说明以及风险提示、技术服务等信息。

第十九条 使用说明应当包括下列内容:

(一)品种主要性状;

(二)主要栽培措施;

(三)适应性;

(四)风险提示;

(五)咨询服务信息。

除前款规定内容外,有下列情形之一的,还应当增加相应内容:

(一)属于转基因种子的,应当提示使用时的安全控制措施;

(二)使用说明与标签分别印制的,应当包括品种名称和种子生产经营者信息。

第二十条 品种主要性状、主要栽培措施应当如实反映品种的真实状况，主要内容应当与审定或登记公告一致。通过两个以上省级审定的主要农作物品种，标注内容应当与销售地所在省级品种审定公告一致；引种标注内容应当与引种备案信息一致。

第二十一条 适应性是指品种在适宜种植地区内不同年度间产量的稳定性、丰产性、抗病性、抗逆性等特性，标注值不得高于品种审定、登记公告载明的内容。审定、登记以外作物适应性的说明，参照登记作物有关要求执行。

第二十二条 风险提示包括种子贮藏条件以及销售区域主要病虫害、高低温、倒伏等因素对品种引发风险的提示及注意事项。

第四章 制作要求

第二十三条 种子标签可以与使用说明合并印制。种子标签包括使用说明全部内容的，可不另行印制使用说明。

第二十四条 应当包装的种子，标签应当直接印制在种子包装物表面。可以不包装销售的种子，标签可印制成印刷品粘贴、固定或者附着在种子上，也可以制成印刷品，在销售种子时提供给种子使用者。

第二十五条 标注文字除注册商标外，应当使用国家语言工作委员会公布的现行规范化汉字。标注的文字、符号、数字的字体高度不得小于1.8毫米。同时标注的汉语拼音或者外文，字体应当小于或者等于相应的汉字字体。信息代码不得小于2平方厘米。

品种名称应放在显著位置，字号不得小于标签标注的其它文字。

第二十六条 印刷内容应当清晰、醒目、持久，易于辨认和识读。标注字体、背景和底色应当与基底形成明显的反差，易于识别；警示标志和说明应当醒目，其中"高毒"以红色字体印制。

第二十七条 检疫证明编号、检测日期、质量保证期,可以采用喷印、压印等印制方式。

第二十八条 作物种类和种子类别、品种名称、品种审定或者登记编号、净含量、种子生产经营者名称、种子生产经营许可证编号、注册地地址和联系方式、"转基因"字样、警示标志等信息,应当在同一版面标注。

第二十九条 本办法第二十四条规定的印刷品,应当为长方形,长和宽不得小于11厘米×7厘米。印刷品制作材料应当有足够的强度,确保不易损毁或字迹变得模糊、脱落。

第三十条 进口种子应当在原标签外附加符合本办法规定的中文标签和使用说明,使用进(出)口审批表批准的品种中文名称和英文名称、生产经营者。

第五章 监督管理

第三十一条 法律、行政法规没有特别规定的,种子标签和使用说明不得有下列内容:

(一)在品种名称前后添加修饰性文字;

(二)种子生产经营者、进口商名称以外的其他单位名称;

(三)不符合广告法、商标法等法律法规规定的描述;

(四)未经认证合格使用认证标识;

(五)其他带有夸大宣传、引人误解或者虚假的文字、图案等信息。

第三十二条 标签缺少品种名称,视为没有种子标签。

使用说明缺少品种主要性状、适应性或风险提示的,视为没有使用说明。

以剪切、粘贴等方式修改或者补充标签内容的,按涂改标签查处。

第三十三条 县级以上人民政府农业主管部门应当加强监督检查，发现种子标签和使用说明不符合本办法规定的，按照《中华人民共和国种子法》的相关规定进行处罚。

第六章 附 则

第三十四条 本办法自 2017 年 1 月 1 日起施行。农业部 2001 年 2 月 26 日公布的《农作物种子标签管理办法》（农业部令第 49 号）同时废止。

农作物种子标签通则

GB 20464—2006

(2006年7月12日国家质量监督检验检疫总局、国家标准化管理委员会发布)

1 范围

本标准规定了农作物商品种子标签的标注内容、制作要求，还确立了其使用监督的检查范围、内容以及质量判定规则。

本标准适用于中华人民共和国境内经营的农作物商品种子。

2 规范性引用文件

下列文件中的条款通过本标准的引用而成为本标准的条款。凡是注日期的引用文件，其随后所有的修改单（不包括勘误的内容）或修订版均不适用于本标准，然而，鼓励根据本标准达成协议的各方研究是否可使用这些文件的最新版本。凡是不注日期的引用文件，其最新版本适用于本标准。

GB/T 2930（所有部分）牧草种子检验规程

GB/T 3543（所有部分）农作物种子检验规程

GB/T 7408—2005 数据元和交换格式　信息交换　日期和时间表示法

3 术语和定义

下列术语和定义适用于本标准。

3.1

种子标签　seed labelling

标注内容的文字说明及特定图案。

注1：文字说明是指对标注内容的具体描述，特定图案是指警示标志、认证标志等。

注2：对于应当包装销售的农作物种子，标签为固定在种子包装物表面及内外的文字说明及特定图案；对于可以不经包装销售的农作物种子，标签为在经营时所提供印刷品的文字说明及特定图案。

3.2

商品种子　commercial seed

用于营销目的而进行交易的种子。

3.3

主要农作物种子　main crop seed

《中华人民共和国种子法》第七十四条第一款第三项所规定农作物的种子。

注：也见《主要农作物范围规定》（2001年2月26日农业部令第51号发布）的第二条。

3.4

非主要农作物种子　non-main crop seed

除主要农作物种子外的其他农作物的种子。

3.5

混合种子　mixture seed

不同作物种类或者同一作物不同品种或者同一品种不同生产方式、不同加工处理方式的种子混合物。

3.6

药剂处理种子　treated seed

经过杀虫剂、杀菌剂或其他添加剂处理的种子。

3.7

认证种子　certified seed

由种子认证机构依据种子认证方案通过对种子生产全过程的质量监控，确认符合规定质量要求并准许使用认证标志的种子。

3.8

转基因种子　genetically modified seed

利用基因工程技术改变基因组构成并用于农业生产的种子。

注1：基因工程技术系指利用载体系统的重组DNA技术以及利用物理、化学和生物学等方法把重组DNA分子导入品种的技术。

注2：基因组系指作物的染色体和染色体外所有遗传物质的总和。

3.9

育种家种子　breeder seed

育种家育成的遗传性状稳定、特征特性一致的品种或亲本组合的最初一批种子。

3.10

原种　basic seed

用育种家种子繁殖的第一代至第三代，经确认达到规定质量要求的种子。

3.11

大田用种　qualified seed

用原种繁殖的第一代至第三代或杂交种，经确认达到规定质量要求的种子。

3.12

应当包装销售的农作物种子　pack-marketing crop seed

《农作物商品种子加工包装规定》（2001年2月26日农业部令第50号发布）第二条所规定的农作物种子。

3.12.1

包装物　packaging material

符合标准规定的、将种子包装以作为交货单元的任何包装材料。

3.12.2

销售包装 marketing package

通过销售与内装物一起交付给种子使用者的不再分割的包装。

3.12.3

内装物 inner mass

包装物内的产品。

3.12.4

净含量 net content

除去包装物后的内装物的实际质量或数量。

3.13

可以不经包装销售的农作物种子 bulk-marketing crop seed

《农作物商品种子加工包装规定》（2001年2月26日农业部令第50号发布）第三条所规定的农作物种子。

3.14

生产商 seed packager

商品种子的最初供应商。

3.15

进口商 importer

直接从境外购入商品种子的经营者。

3.16

产地 origin

种子生产所在地隶属的行政区域。

3.17

检测值 estimated value

检测商品种子代表性样品所获得的某一质量指标的测定值。

注：质量指标也称质量特性，在本标准中，由标注项目（如发芽率、纯度、净度等）和标注值组成。

3.18

规定值 stated value

技术规范或标准中规定的商品种子某一质量指标所能容许的最低值（如发芽率、纯度、净度等指标）或最高值（如水分指标）。

3.19

标注值 stated value

商品种子标签上所标注的种子某一质量指标的最低值（如发芽率、纯度、净度等指标）或最高值（如水分指标）。

4 总则

4.1 真实

种子标签标注内容应真实、有效，与销售的农作物商品种子相符。

4.2 合法

种子标签标注内容应符合国家法律、法规的规定，满足相应技术规范的强制性要求。

4.3 规范

种子标签标注内容表述应准确、科学、规范，规定标注内容应在标签上描述完整。

标注所用文字应为中文，除注册商标外，使用国家语言文字工作委员会公布的规范汉字。可以同时使用有严密对应关系的汉语拼音或其他文字，但字体应小于相应的中文。除进口种子的生产商名称和地址外，不应标注与中文无对应关系的外文。

种子标签制作形式符合规定的要求，印刷清晰易辩，警示标志醒目。

5 标注内容

5.1 应标注内容

5.1.1 作物种类与种子类别

5.1.1.1 作物种类名称标注应符合下列规定：

——按植物分类学上所确定的种或亚种或变种进行标注，宜采用 GB/T3543.2 和 GB/T2930.1 以及其他国家标准或行业标准所确定的作物种类名称；

——在不引起误解或混淆的情况下，个别作物种类可采用常用名称或俗名，例如："结球白菜"可标注为"大白菜"；

——需要特别说明用途或其他情况的，应在作物种类名称前附加相应的词，例如："饲用甜菜"和"糖用甜菜"。

5.1.1.2 种子类别的标注，应同时符合下列规定：

——按常规种和杂交种进行标注，其中常规种可以不具体标注；

——常规种按育种家种子、原种、大田用种进行标注，其中大田用种可以不具体标注；

——杂交亲本种子应标注杂交亲本种子的类型，例如："三系"籼型杂交水稻的亲本种子，应明确至不育系或保持系或恢复系；或直接标明杂交亲本种子，例如：西瓜亲本原种。

5.1.1.3 作物种类与种子类别可以联合标注，例如：水稻原种、水稻杂交种、水稻不育系原种、水稻不育系；玉米杂交种、玉米自交系。

5.1.2 品种名称

属于授权品种或审定通过的品种，应标注批准的品种名称；不属于授权品种或无需进行审定的品种，宜标注品种持有者（或育种者）确定的品种名称。

标注的品种名称应适宜，不应含有下列情形之一：

——仅以数字组成的，如88—8—8；
——违反国家法规或者社会公德或者带有民族歧视性的；
——以国家名称命名的，如中国1号；
——以县级以上行政区划的地名或公众知晓的外国地名命名的，如湖南水稻、北海道小麦；
——同政府间国际组织或其他国际国内知名组织及标志名称相同或者近似的，如FAO、UPOV、国徽、红十字；
——对植物新品种的特征、特性或者育种者的身份或来源等容易引起误解的，如铁杆小麦、超大穗水稻、李氏玉米、美棉王；
——属于相同或相近植物属或者种的已知名称的；
——夸大宣传并带有欺骗性的。

5.1.3 生产商、进口商名称及地址

5.1.3.1 国内生产的种子

国内生产的种子应标注：生产商名称、生产商地址以及联系方式。生产商名称、地址，按农作物种子经营许可证（见5.1.7）注明的进行标注；联系方式，标注生产商的电话号码或传真号码。

有下列情形之一的，按照下列规定相应予以标注：

a) 集团公司生产的种子，标集团公司的名称和地址；集团公司子公司生产的种子，标子公司（也可同时标集团公司）的名称和地址；

b) 集团公司的分公司或其生产基地，对其生产的种子，标集团公司（也可同时标分公司或生产基地）的名称和地址；

c) 代制种或代加工且不负责外销的种子，标委托者的名称和地址。

5.1.3.2 进口种子

进口种子应标注：进口商名称、进口商地址以及联系方式、生产商名称。

进口商名称、地址,按农作物种子经营许可证(见 5.1.7)注明的进行标注;联系方式,标注进口商的电话号码或传真号码。

生产商名称,标注种子原产国或地区(见 5.1.5)能承担种子质量责任的种子供应商的名称。

5.1.4 质量指标

5.1.4.1 已制定技术规范强制性要求的农作物种子

已发布种子质量国家或行业技术规范强制性要求的农作物种子,其质量指标的标注项目应按规定进行标注。如果已发布种子质量地方性技术规范强制性要求的农作物种子,并在该地方辖区内进行种子经营的,可按该技术规范的规定进行标注。

质量指标的标注值按生产商或进口商或分装单位承诺的进行标注,但不应低于技术规范强制性要求已明确的规定值。

5.1.4.2 未制定技术规范强制性要求的农作物种子

质量指标的标注项目应执行下列规定:

a)粮食作物种子、经济作物种子、瓜菜种子、饲料和绿肥种子的质量指标的标注项目应标注品种纯度、净度、发芽率和水分。

b)无性繁殖材料(苗木)、热带作物种子和种苗、草种、花卉种子和种苗的质量指标宜参照推荐性国家标准或行业标准或地方标准(适用于该地方辖区的经营种子)已规定的质量指标的标注项目进行标注;未制定推荐性国家标准或行业标准或地方标准的,按备案的企业标准规定或企业承诺的质量指标的标注项目进行标注。

c)脱毒繁殖材料的质量指标宜参照推荐性国家标准或行业标准或地方标准(适用于该地方辖区的经营种子)已规定的质量指标的标注项目进行标注;未制定推荐性国家标准或行业标准或地方标准的,按备案的企业标准规定或企业承诺的质量指标的标注项目进行标注,但至少应标注品种纯度、病毒状况和脱毒扩繁代数。

质量指标的标注值按生产商或进口商或分装单位承诺的进行标注，品种纯度、净度（净种子）、水分百分率保留一位小数，发芽率、其他植物种子数目保留整数。

5.1.5 产地

国内生产种子的产地，应标注种子繁育或生产的所在地，按照行政区域最大标注至省级。

进口种子的原产地，按照"完全获得"和"实质性改变"规则进行认定，标注种子原产地的国家或地区（指香港、澳门、台湾）名称。

注：《中华人民共和国海关关于进口货物原产地的暂行规定》（1986年12月6日海关总署发布）对"完全获得"和"实质性改变"规则作了详细的界定。

5.1.6 生产年月

生产年月标注种子收获或种苗出圃的日期，采用GB/T7408—2005中5.2.1，2a）规定的基本格式：YYYY—MM。例如：种子于2001年9月收获的，生产年月标注为：2001—09。

5.1.7 种子经营许可证编号和检疫证明编号

标注生产商或进口商或分装单位的农作物种子经营许可证编号。

注：《农作物种子生产经营许可证管理办法》（2001年2月26日农业部令第48号发布）规定了农作物种子经营许可证编号的表示格式：(×)农种经许字（××××）第×号，其中第一个括号内的×表示发证机关简称；第二个括号内的××××为年号，第×号中的×为证书序号。

应用下列方式之一，标注检疫证明编号：

——产地检疫合格证编号（适用于国内生产种子）；

——植物检疫证书编号（适用于国内生产种子）；

——引进种子、苗木检疫审批单编号（适用于进口种子）。

5.2 根据种子特点和使用要求应加注内容

5.2.1 主要农作物种子

a）国内生产的主要农作物种子应加注：

——主要农作物种子生产许可证编号；

——主要农作物品种审定编号。

b）进口的主要农作物种子应加注在中国境内审定通过的主要农作物品种审定编号。

注1：《农作物种子生产经营许可证管理办法》（2001年2月26日农业部令第48号发布）规定了主要农作物种子生产许可证编号的表示格式：（×）农种生许字（××××）第×号，其中第一个括号内的×表示发证机关简称；第二个括号内的为××××为年号；第×号中的×为证书序号。

注2：《主要农作物品种审定办法》（2001年2月26日农业部令第44号发布）规定了主要农作物品种审定编号的表示格式：审定委员会简称、作物种类简称、年号（四位数）、序号（三位数）。

5.2.2 进口种子

进口种子应加注：

——进出口企业资格证书或对外贸易经营者备案登记表编号；

——进口种子审批文号。

5.2.3 转基因种子

转基因种子应加注：

——标明"转基因"或"转基因种子"；

——农业转基因生物安全证书编号；

——转基因农作物种子生产许可证编号；

——转基因品种审定编号；

——有特殊销售范围要求的需标注销售范围，可表示为"仅限于 XX 销售（生产、使用）"；

——转基因品种安全控制措施，按农业转基因生物安全证书上所载明的进行标注。

5.2.4　药剂处理种子

药剂处理种子应加注：

a) 药剂名称、有效成份及含量；

b) 依据药剂毒性大小（以大鼠经口半数致死量表示，缩写为 LD50）进行标注：

——若 LD50<50mg/kg，标明"高毒"，并附骷髅警示标志；

——若 LD50＝50mg/kg-500mg/kg，标明"中等毒"，并附十字骨警示标志；

——若 LD50>500mg/kg，标明"低毒"；

c) 药剂中毒所引起的症状、可使用的解毒药剂的建议等注意事项。

5.2.5　分装种子

分装种子应加注：

——分装单位名称和地址，按农作物种子经营许可证（5.1.7）注明的进行标注；

——分装日期，日期表示法同 5.1.6。

5.2.6　混合种子

混合种子应加注：

——标明"混合种子"；

——每一类种子的名称（包括作物种类、种子类别和品种名称）及质量分数；

——产地、检疫证明编号、农作物种子经营许可证编号、生产年月、质量指标等（只要存在着差异，就应标注至每一类）；

——如果属于同一品种不同生产方式、不同加工处理方式的种子混合物，应予注明。

5.2.7 净含量

应当包装销售的农作物种子应加注净含量。

净含量的标注由"净含量"（中文）、数字、法定计量单位（kg 或 g）或数量单位（粒或株）三个部份组成。使用法定计量单位时，净含量小于 1000g 的，以 g（克）表示，大于或等于 1000g 的，以 kg（千克）表示。

5.2.8 杂草种子

农作物商品种子批中不应存在检疫性有害杂草种子；其他杂草种子依据作物种类的不同，不应超过技术规范强制性要求所规定的允许含量。

如果种子批中含有低于或等于技术规范强制性要求所规定的含量，应加注杂草种子的种类和含量。

杂草种子种类应按植物分类学上所确定的种（不能准确确定所属种时，允许标注至属）进行标注，含量表示为：XX 粒/kg 或 XX 粒千克。

5.2.9 认证标志

以质量认证种子进行销售的种子批，其标签应附有认证标志。

5.3 宜加注内容

5.3.1 种子批号

种子批号是质量信息可靠性、溯源性以及质量监督的重要依据之一。应当包装销售的农作物种子，宜在标签上标注由生产商或进口商或分装单位自行确定的种子批号。

5.3.2 品种说明

有关品种主要性状、主要栽培措施、使用条件的说明，宜在标签上标注。

主要性状可包括种性、生育期、穗形、株型、株高、粒形、抗病性、单产、品质以及其他典型性状；主要栽培措施可包括播期、播量、施肥方式、灌水、病虫防治等；使用条件可包括适宜种植的生态区和生产条件。

对于主要农作物种子，品种说明应与审定公告一致；对于非主要农作物种子，品种说明应有试验验证的依据。

6 制作要求

6.1 形式

6.1.1 应当包装销售的农作物种子

应当包装销售的农作物种子的标注内容可采用下列一种或多种形式：

——直接印制在包装物表面；

——固定在包装物外面的印刷品；

——放置在包装物内的印刷品。

这三种形式应包括5.1、5.2的规定标注内容，但是下列标注内容应直接印制在包装物表面或者制成印刷品固定在包装物外面：

——作物种类与种子类别（见5.1.1.3）；

——品种名称；

——生产商或进口商或分装单位名称与地址；

——质量指标；

——净含量；

——生产年月；

——农作物种子经营许可证编号；

——警示标志；

——标明"转基因"或"转基因种子"。

6.1.2 可以不经包装销售的农作物种子

可以不经包装销售的农作物种子的标注内容，应制成印刷品。

6.2 作为标签的印刷品的制作要求

6.2.1 形状

固定在包装物外面的或作为可以不经包装销售的农作物种子标签的印刷品应为长方形，长与宽大小不应小于12cmX8cm。

6.2.2 材料

印刷品的制作材料应有足够的强度，特别是固定在包装物外面的应不易在流通环节中变得模糊甚至脱落。

6.2.3 颜色

固定在包装物外面的或作为可以不经包装销售的农作物种子标签的印刷品宜制作不同的颜色以示区别。育种家种子使用白色并有左上角至右下角的紫色单对角条纹，原种使用蓝色，大田用种使用白色或蓝红以外的单一颜色，亲本种子使用红色。

6.3 印刷要求

印刷字体、图案应与基底形成明显的反差，清晰易辨。使用的汉字、数字和字母的字体高度不应小于1.8mm。定量包装种子净含量标注字符高度应符合表1的要求。

表1 定量包装种子净含量标注字符高度

标注净含量（Q_n）	字符的最小高度/mm
$Q_n \leq 50g$	2
$50g < Q_n \leq 200g$	3
$200g < Q_n \leq 1000g$	4
$Q_n > 1000g$	6

警示标志和说明应醒目，"高毒"、"中等毒"或"低毒"[见5.2.4b]以红色字体印制。

生产年月标示采用见包装物某部位的方式，应标示所在包装物的具体部位。

7 标签使用监督

7.1 检查适用范围

直接销售给种子使用者的销售包装或不再分割的种子包装，其标签标注内容应符合第 5 章、第 6 章的规定。

生产商供应且又不是最终销售的种子包装，其标签可只标注作物种类、品种名称、生产商名称或进口商名称、质量指标、净含量、农作物种子经营许可证编号、生产年月、警示标志、"转基因"，并符合第 5 章、第 6 章的规定。

属于运输加工目的需要而非直接用于销售的种子包装，其标签的标注和制作不受本标准的约束。

7.2 检查内容

种子标签使用监督检查内容包括：

——标注内容的真实性和合法性；

——标注内容的完整性和规范性（见 5.1 和 5.2）；

——种子标签的制作要求（见第 6 章）。

7.3 质量判定规则

7.3.1 判定规则

对种子标签标注内容进行质量判定时，应同时符合下列规则：

a) 作物种类、品种名称、产地与种子标签标注内容不符的，判为假种子；

b) 质量检测值任一项达不到相应标注值的，判为劣种子

c) 质量标注值任一项达不到技术规范强制性要求所明确的相应规定值的，判为劣种子；

d) 质量标注值任一项达不到已声明符合推荐性国家标准（或行业标准或地方标准）、企业标准所明确的相应规定值的，判为劣种子。

e) 带有国家规定检疫性有害生物的，判为劣种子。

7.3.2 验证方法

质量指标的检验方法，应执行下列原则：

——采用农作物种子质量技术规范或标准中的方法或其规范性引用文件的方法；

——尚未制定农作物种子质量技术规范或标准的，宜采用 GB/T2930、GB/T3543 规定的方法；GB/T2930、GB/T3543 未作规定的，可采用国际种子检验协会公布的《国际种子检验规程》所规定的方法。

7.3.3 容许误差

对于质量符合性检验，在使用 7.3.1b) 规则进行质量判定时，检测值与标注值允许执行下列的容许误差：

——净度的容许误差见 GB/T 3543.3；

——发芽率的容许误差见 GB/T 3543.4；

——对于不密封包装种子袋，种子水分允许有 0.5% 的容许误差；对于密封包装种子袋，水分不允许采用容许误差；

——品种纯度的容许误差见 GB/T 3543.5。

农作物种子标签二维码编码规则

农业部办公厅关于印发
《农作物种子标签二维码编码规则》的通知

各省、自治区、直辖市和计划单列市农业（农牧、农村经济）厅（局、委、办），新疆生产建设兵团农业局：

根据《中华人民共和国种子法》《农作物种子标签和使用说明管理办法》的相关规定，农业部制定了《农作物种子标签二维码编码规则》，现印发给你们，请遵照执行。

同时，为了配合《中华人民共和国种子法》及《农作物种子标签和使用说明管理办法》的全面实施，各地要加大宣传培训，尽快将《农作物种子标签二维码编码规则》要求解读到辖区所有生产经营者。

农业部办公厅
2016 年 9 月 18 日

第一条　为规范农作物种子标签二维码信息内容和二维码制作，便于种子标签二维码的识别和应用，根据《中华人民共和国种子法》《农作物种子标签和使用说明管理办法》有关规定制定本规则。

第二条　本规则所指种子标签二维码即《中华人民共和国种子法》中所规定的信息代码。

第三条　农作物种子标签二维码具有唯一性，一个二维码对应唯一一个最小销售单元种子。

二维码一旦赋予给某一商品种子，不得再次赋给其他种子使用。

第四条　农作物种子二维码应包括下列信息：品种名称、生产经营者名称或进口商名称、单元识别代码、追溯网址四项信息。四项内容必须按以上顺序排列，每项信息单独成行。

二维码信息内容不得缺失，所含内容应与标签标注内容一致。

第五条　二维码所含的品种名称、生产经营者名称或进口商名称应与行政许可核发信息一致。

第六条　单元识别代码是指每一个最小销售单元种子区别于其他种子的唯一代码，由企业自行编制，代码由阿拉伯数字或数字与英文字母组合构成，代码长度不得超过20个字符。

单元识别代码可与原产品条形码代码一致，也可另外设计。

第七条　产品追溯网址由企业提供并保证有效，通过该网址可追溯到种子加工批次以及物流或销售信息。

网页应具有较强的兼容性，可在PC端和手机端浏览。

第八条　不得在二维码图像或识读信息中添加引人误解或误导消费者的内容以及宣传信息。

第九条　二维码设计采用QR码标准。

第十条　二维码图片大小可根据包装大小而定，不得小于2平方厘米。

第十一条　二维码印制要清晰完整，确保可识读。

第十二条　二维码模块为黑色，二维码背景色为白色，背景区域应大于图形边缘至少2mm。

第十三条　本规则于发布之日起实施，解释权在农业部。